平凡社新書

1061

国際情勢でたどるオリンピック史

冷戦、テロ、ナショナリズム

村上直久

MURAKAMI NAOHISA

HEIBONSHA

国際情勢でたどるオリンピック史●目次

プロローグ……8
オリンピックの輝き／ナショナリズムとコマーシャリズム／オリンピックの魔力

第一章 古代オリンピックはなぜ消滅したか……13
アクロポリスの衝撃／熱戦は五日間／古代オリンピックの衰退
哲学者たちの古代オリンピック観

第二章 クーベルタンの苦悩……25
クーベルタンの理想／ソルボンヌ会議での開催決定／ギリシャ内部の対立
第一回近代オリンピックは四月に開催／「参加することに意義」

第三章 戦争による中断……43
万博従属／マラソンを巡る三つのエピソード／「国家」と「アマチュアリズム」
幻の一九一六年ベルリン・オリンピック／オリンピックは最大の平和運動
オリンピック憲章／マイクと選手村の登場／日本人選手の活躍――悲劇のバロン西

第四章 ナチスの祭典――ベルリン・オリンピック……57

ヒトラーの心変わり／ユダヤ人排斥／ボイコットへの動き／聖火リレー
開会式／ヒトラーの鼻を明かしたオーエンス／孫基禎がマラソンで優勝
日本選手の活躍／閉会式／記録映画「オリンピア」／戦争の足音

第五章 幻の東京オリンピック……83

皇紀二千六百年／ロサンゼルス大会／ムッソリーニ／ヒトラーも後押し
ようやく正式決定／満州国の波紋／日中戦争の暗い影
ラツールの助言／ついに中止決定

第六章 アジアで初開催の一九六四年東京オリンピック……109

日本は戦後初のロンドン大会には不参加
日本、ヘルシンキ大会で戦後、オリンピックに初参加
南半球初のオリンピック、メルボルンで開催／ローマ開催は五二年間の悲願
一九六〇年代初頭の国際情勢の激動／東京オリンピック招請の道
秋晴れの開会式／米ソがトップ争い／アベベその後
フルシチョフの失脚と中国核実験／その他の世界の動き
東京オリンピックのロジスティックス／宴のあと

第七章　人種差別とテロの悲劇……135
戦後史の転換点、一九六八年／プラハの春／メキシコ大会での表彰台抗議
一九七六年モントリオール大会と南アフリカのアパルトヘイト
中東紛争が飛び火したミュンヘンの悲劇／それまで三度の戦争
中東戦争／「黒い九月」／現地の人々を襲ったテロの恐怖

第八章　冷戦下のボイコット合戦……161
アフガニスタンの政治状況／米国の非難／レークプラシッド大会
代替オリンピック案／日本選手の無念／ボイコットの効果は
盛り上がりを欠いたモスクワ大会／今度はソ連がロサンゼルス大会を報復ボイコット

第九章　分断国家の悲劇……183
東西ドイツ／冷戦の終結とドイツの再統一／二つの中国／ピンポン外交
二〇一八年の状況／南北朝鮮／緊張緩和／平昌オリンピック

第一〇章　新興国への道――ソウル、北京、ソチ、リオデジャネイロ……207
「漢江の奇跡」／ベトナム戦争と日韓基本条約が追い風

ソウル・オリンピックの成功／中国経済の急成長／北京オリンピックの光と影
ソチ大会の明暗／サイバー攻撃／ドーピング大国ロシア
リオデジャネイロ大会とブラジルの政治的混乱／ファベーラとの対比

第一一章　二〇二一年東京オリンピック…………229
五輪と政治／東京招致を巡る疑惑／コンパクトで低コストのはずが
経済効果は三〇兆円？／猛暑対策／新型コロナ感染拡大で一年延期
「無観客」開催／レガシーは？／汚職と談合

第一二章　二〇二四年パリ・オリンピック…………243
一〇〇年ぶり、三回目のパリ五輪／開会式はセーヌ川
ロシアの参加問題／環境への配慮／ホテル料金高騰／再選につなげたいマクロン大統領

エピローグ…………252
国連との比較／様々な課題

巻末資料…………256
参考文献・資料一覧…………259

プロローグ

オリンピックの輝き

オリンピックは衛星中継によって世界中で数十億人が観戦して一喜一憂する、サッカー・ワールドカップ（W杯）と並ぶ最大級の世界的スポーツ・イベントだ。近代オリンピックが一八九六年に始まってから一二〇年以上経った二〇二一年夏には、新型コロナウイルス感染症が大流行していたにもかかわらず、東京で二回目となるオリンピックが挙行された。

そのオリンピックは戦争によって何度も中止に追い込まれたり、政治的理由により参加をボイコットする国が続出したり、陰惨な政治目的のテロの舞台となった。国際情勢の激動のあおりをもろに受けてきた。しかし、それでもオリンピックの輝きは失せていない。世界最高レベルの運動能力の発現や演技に加えて、自国の選手の活躍や獲得メダル数の競争で喚起される「プチ・ナショナリズム」の側面もあるが、それだけが魅力の源泉ではないだろう。スポーツの国際交流による世界平和の実現を目指す場として、これまで大きな役割を果たしてきたことは否定できない。

オリンピック会場、特に陸上競技が行われるメイン・スタジアムには独特の雰囲気がある。開会式の国別選手団の入場行進に始まり、トラック・アンド・フィールドでの熱戦を経て、競技を終え、解放感と安堵に満ちた各国選手が入り乱れる閉会式。ほかの国際スポーツ大会では、まず見られない情景だ。この背景には近代オリンピックの理念と長い歴史がある。

「近代オリンピックの父」と呼ばれるフランスのピエール・ド・クーベルタン男爵が創立した国際オリンピック委員会（IOC）は国際機関としては最古参の一つで、一二〇年過ぎた今も、クーベルタンの唱えた国際交流を通じた平和の実現という理念を堅持しており、オリンピック運動の土台を支える強靭な組織だ。第一次世界大戦が終わってから設立されたが、その後第二次世界大戦の勃発を防げず、消滅した国際連盟とは好対照だ。

クーベルタンはもともとフランスにおける青少年の教育手段として体育を重視していた。彼は「フランスのみならず世界の青少年の相互理解と国際親善をスポーツを通じてできないかと考えるに至った」のである。古代オリンピックの復興＝近代オリンピックの立ち上げに至る原点である。

ナショナリズムとコマーシャリズム

古代オリンピックもそうであったが、近代オリンピックは当初から政治の影響を色濃く受けていた。一方、オリンピックが政治に影響を及ぼしたことも何度かある。前者の例としては一九三六年のベルリン・オリンピックが挙げられよう。より正確には、ヒトラーがオリンピックを政治目的に利用したのだ。後者の例は、一九七六年のモントリオール・オリンピックだろう。南アフリカのアパルトヘイト（人種隔離政策）に反対して、多くのアフリカ諸国がボイコットしたことがきっかけで、世界的にアパルトヘイト反対の機運が盛り上がった。

また、冷戦下にあった一九八〇年のモスクワ・オリンピックと一九八四年のロサンゼルス・オリンピックでは米ソのボイコット合戦があり、むき出しのナショナリズムが見られた。「片翼飛行」のオリンピックが続いたのだ。一九七二年のミュンヘン・オリンピックでは血塗られたテロによる「政治的主張」がなされ、大会期間中には一時、競技が中断された。

オリンピックは平和、緊張緩和の実現に向けた格好の舞台を提供したこともある。二〇一八年二月に韓国・平昌《ピョンチャン》で開かれた冬季大会がその一例だ。韓国と北朝鮮の和解プロセスを促進するための場となった。その後、南北朝鮮、米朝の首脳会談が行われ、朝鮮半島情勢は予断は許さぬものの緊張緩和の方向に一時的に向かった。

韓国／北朝鮮は最近の例だが、オリンピックは合同選手団の結成などを通じて東西ドイツの分断状態の解消に向けて一役果たしたこともある。両独が統一されたのは一九九〇年一〇月のことだ。

また、オリンピックは経済復興・発展のてことしても作用した。一九六四年の東京大会、一九八八年のソウル大会、二〇〇八年の北京大会にはそうした側面があった。

近代オリンピックが巨大化するにつれて、国家や開催都市では開催費用を賄いきれなくなり、コマーシャリズムがはびこるようになった。一九七六年のモントリオール大会が大赤字となった反省を踏まえて、一九八四年のロサンゼルス大会から民間の資金の導入が積極的に進められるようになった。テレビ放映権料やスポンサー収入への依存が強まったのだ。

さらに「勝利至上主義」が蔓延するようになり、多くの選手は是が非でも勝つためにドーピングに手を出すようになった。特にソ連とその後継国家ロシアは国家ぐるみでドーピングを行ってきたと疑われている。

オリンピックの魔力

オリンピックは様々な問題をはらみながらも、巨大化の一途をたどり、「観衆スポーツ」の底知れない魔力もあり、それと絡み合って人々を惹きつけてやまない。そして国際情勢の動きに影響を受けるだけでなく、国際政治の一つの有力な「アクター」「プレーヤー」となった側面もある。

本書は、国際情勢に翻弄されるとともに、国際情勢を動かす一因ともなるオリンピック運動を様々な切り口から大まかな通史として提示することを目指したものだ。どこまでその意図が達成できたかについては心もとないが、これから開催されるオリンピックをより深く理解するための手助けとして、目を通していただければ幸いである。

第一章

古代オリンピックはなぜ消滅したか

古代オリンピックが開かれたゼウス神殿

アクロポリスの衝撃

ギリシャの首都アテネの下町には中東のバザールを思わせる活発で猥雑な雰囲気が漂っている。しかし、下町からさほど遠くないアクロポリスの丘に白亜のパルテノン神殿が紺碧の空を背景にその巨大でありながら均整の取れた美を誇示するかのように屹立しているのを見ると、ギリシャが欧州文明の発祥地であることを改めて実感させられる。しかし、そのギリシャは二〇一〇年以来、政府による財政赤字統計の虚偽発表を直接の発端とする深刻な財政・債務危機とその後遺症にあえいだ。国民は高い失業率や増税、年金カット、公共サービスの大幅縮小という「冬の時代」に直面した。

それでもギリシャ古代文明の輝きは失せていない。その最たるものが古代オリンピックだ。近代オリンピックについて論じる前に、その前身となった古代オリンピックについて見ておこう。

古代オリンピックは四年に一度、ペロポネソス半島北西部エリス地方のオリンピアで開かれた。当時では世界最大規模の競技会であり、祭典であり、途切れることなく約一二〇〇年間続いた。競技とそれに先立つオリンピアへの選手らの移動の間、最大三カ月間はギリシャ全土で休戦となった。一〇〇年余りの近代オリンピックで、両次の大戦中、中止されたこととは好対照である。

古代オリンピックはオリンピア大祭とも呼ばれ、全能の神、ゼウスに捧げられていた。その起源には諸説あり、ギリシャ神話によると、約束を破ったアウゲイアース王を攻めたヘラクレスが勝利後、ゼウスに捧げる神殿を建て、競技会を開いたという説や、ホメロスによれば、トロイア戦争で亡くなったパトロクロスの死を悼むためアキレウスが競技会を行ったという説などがある。

オリンピア大祭のほかに古代ギリシャでは三つほど同様の競技会があった。その中で最もよく知られているのが三年ごとに隣保同盟がデルファイで開催したピュティア祭で、これはアポロンに捧げられた。残る二つのイストミア祭とネメア祭はオリンピックとピュティア祭と重ならないように開かれた。古代ギリシャは日本の神道と同様に多神教であり、神に捧げる競技会は、日本で言えば神社での奉納相撲と似た類のものだと考えられよう。

古代オリンピックは近代オリンピックとは異なり女人禁制であった。これはゼウスが男神であったことや、奉納競技において競技者が裸体であったことなどが関係しているとみられる。さらに、古代オリンピックは運動競技だけでなく、詩の朗読や弁論など文芸的な側面もあったことが知られている。

古代オリンピックが約一二世紀も続いた後、その歴史を閉じたのは、あとで詳述するが宗教が関係している。

オリンピックの開催地であるオリンピアという地名の語源はこの聖地の主祭神ゼウス・オリュンポスに由来する。祭典の中心は当初、ゼウス神に捧げる宗教儀礼で運動競技は付随的なものだったが、時がたつにつれて運動競技が祭典の実質的な目玉となった。

オリンピックは紀元前七七六年の第一回大会から紀元後三九三年の第二九三回大会まで連綿と続いた。四大競技祭の中でオリンピックが最も栄え、世界的な競技祭に成長していったのはなぜだろうか。オリンピアのあるエリスは小国でギリシャに一〇〇〇以上あったとされる都市国家（ポリス）のなかでは、アテネやスパルタに比べると弱小国家であることは否めなかった。しかし、大国に領有されない共有・中立の神域であり、しかも対等の立場で肉体の美や能力を競い合い、勝つことは参加者が属する国における地位を確保することにつながった。こうした事情から全ギリシャ世界の政治エリートたる貴族がこぞってオリンピックに参加するようになり、オリンピックのギリシャ世界における地位、ひいては近隣諸国をも含む形で国際的な地位が確立されるようになった。しかし、ペルシャ戦争やペロポネソス戦争、北方のマケドニアによる侵攻など大規模な戦争に加えて、エリスはスパルタ軍やアルカディア連邦軍に攻め込まれ、後者には一時的にオリンピアの聖域管理権と大会開催権を奪われたが、その後、奪還した。

このように古代オリンピックはギリシャ情勢だけでなく、その時々の国際情勢にも翻弄されたが、紀元後四世紀まで生き延びた。なお、オリンピック期間中の休戦は全面的なものではなく、競技会の開催に支障が及ぶ戦闘行為に限って停止された。

熱戦は五日間

古代オリンピックの競技会は五日間にわたって開かれた。近代オリンピックの二週間超よりかなり短い。競技種目も陸上競技（トラック・アンド・フィールド）とレスリングやボクシングなどの格闘競技に限られていた。近代オリンピックの華であるマラソンは古代オリンピックにはなかった。

競技会の前日には選手団がオリンピアへ向けて行進した。約二〇〇人の選手のほかに審判団、評議員、コーチ、親族・友人、従者の奴隷ら合計一〇〇〇人以上が参加したという。見物人もぞろぞろついていった。途中宿泊し、大会初日の朝に会場に着いた。

オリンピアの遺跡は一七六六年に英国の「古代愛好家」リチャード・チャンドラーによって発見された後、発掘作業（第一次）は一八七五年から一八八一年までドイツの考古学者クルティウスによって行われた。ゼウス神殿やヘラ神殿、ゼウスの大祭壇などを現在、見学することができる。

競技場は前古典期からローマ時代まで五度改修され、現在、見ることができるのは前四世紀中頃までに完成された第三期のものだ。コースの長さは「一スタディオン」で一九二・二七メートル。スタディオンはスタジアムの語源である。筆者はギリシャ旅行の際、このコースを走ってみたが、日本の学校の運動場を走るような感じで、紀元前からの競技場であるとの実感はなかなか持てなかった。競技場は四万人を超える観衆を収容できた。

大会初日は、選手団到着の後、資格審査と選手宣誓が行われた。宣誓はゼウス神像の前で行われ、事前トレーニングをきちんとやって来たことも強調された。午後には少年の部の各種競技と触れ役及びラッパ手のコンテストがあった。スピーカーもマイクロフォンもない時代、競技者の出身国や氏名を大きな声で告げる触れ役は重要な存在だった。競馬競技は四頭立て・二頭立て。四頭立て競走は、古代オリンピックの華と呼ばれ、米映画「ベン・ハー」に再現されているように迫力とスリルに満ちたものだった。

五種競技は、徒競走、円盤投げ、幅跳び、槍投げ、レスリングの五種目だった。幅跳びの詳細については諸説あり、立ち幅跳びの五段跳びとの見方もある。勝敗は得点制ではなかったようで、どのように優勝者を決めていたのかは定かではない。

古代オリンピックのプログラム

日程	競技・行事
前日	選手団　オリンピアへ行進
1日目	選手団到着、資格審査と選手宣誓、少年の部各種競技、触れ役とラッパ手のコンテスト
2日目	祭壇巡拝、競馬競技、五種競技
3日目	ゼウス大犠牲式
4日目	徒競走、格闘技
5日目	表彰式、祝宴

出典：橋場弦、村田奈々子編『学問としてのオリンピック』山川出版社、2016年、p.15

大会三日目にはゼウス大犠牲式がとり行われた。ゼウス神官団や選手、コーチ、審判、各ポリスからの祭礼使節が行列を組み、ゼウスに捧げる一〇〇頭の雄牛を連れて、金銀の什器を持ち、ゼウス神殿の周りを練り歩き、祭壇に達すると、牛を犠牲に捧げる。一〇〇頭の牛は大腿部が煙になるまで焼かれ、残った部分は参加者にふるまわれる。古代版の巨大な野外バーベキュー・パーティーとも言えよう。焼けた牛の匂いが辺りに充満したに違いない。

大会四日目は徒競走と格闘技が行われた。徒競走はコースの端から端まで駆け抜けるスタディオン走のほかに、コースを一往復する中距離走、一二往復する長距離走が中心だった。格闘技はレスリングとボクシングのほかにパンクラティオンがあった。これはさしずめ現代のプロレスに相当するだろう。嚙みついたり、目つぶしをすることは禁止されているが、キック、パンチ、投げ技、締め技などは許されていた。

このほかに重装歩兵の兜《かぶと》と脛《すね》当てを身につけ、丸盾を持って一往復する武装競走もあった。これは競技の中で唯一同時代の軍事技術と密接に関連したものだった。兜は一・五キロ、脛当ては一組で一・二キロ、丸盾八キロの重さで、炎天下では相当な負担であったに違いない。

最終日の五日目は表彰式が行われた後、祝宴が催された。表彰されたのは勝者のみであり、二等、三等は敗者と見なされた。勝者にはオリーブの冠が授与されただけであり、金メダルなどの金目のものは与えられなかった。表彰式の後、優勝者は迎賓館で公式の晩餐会に招かれた。そのあとは家族や友人と合流して祝宴が延々と続いた。

五日間の祭典が終わった翌日、参加者はそれぞれ帰路に就いた。優勝者は帰国後、多額の報奨金がもらえることや、オリンピアに自分の像を建てるための援助が集まることを期待しながら。

古代オリンピックの衰退

オリンピアの神域と競技会は、マケドニアのアレクサンドロス大王のインドなどへの一〇年に及ぶ大遠征によって事実上始まったヘレニズム時代の諸王やローマ皇帝を引きつけた。全ギリシャを挙げた祭典としてのオリンピックは、広大なヘレニズム世界に拡散していった。

古代オリンピックに、ローマは途中からギリシャの都市国家に混ざって参加を認められていた。その後、ギリシャ全土を征服しその属州としたが、征服後もオリンピア祭は続けられた。特に帝政時代にはローマ皇帝はこの栄光に満ちたギリシャ人の競技祭に敬意を表し、物質的援助を惜しまなかった。暴君として知られる皇帝ネロは自分の歌を披露するため音楽競技を追加。ネロは七種目で優勝したが、その歌は劣悪で聞くに堪えないものだったという。その後、ネロの優勝はエリスの公式記録から削除された。

ローマ時代のオリンピックでは選手のプロ化が進み、優勝選手が金銭的報酬を受け取ることも常態化した。優勝者の祖国が支払う報奨金は跳ね上がり、報奨欲しさに不正を働く者、審判を買収する者が現れ、オリンピア大祭は腐敗し始めた。不正を行った者には以後のオリンピア大祭から追放されるとともに罰金が科せられた。これを資金源としてオリンピアに「ザーネス」と呼ばれる、不正を象徴する見せしめのゼウス像が建てられたが、記録によれば最終的に一一体までつくられたという。

古代オリンピックが消滅した直接の原因はローマ帝国によるキリスト教の国教化である。ローマ帝国は三一三年にキリスト教を公認し、三九二年に国教とした。これを受けて、テオドシウス帝は三九二年に異教祭祀全面禁止令を発し、異教徒のゼウス神崇拝と結びついたオリンピア大祭は禁止され、三九三年に開催された第二九三回が最後の古代オリンピックとなった。

古代オリンピック消滅の背景には、ゲルマン人やヴァンダル人など異民族の侵入により、「パクス・ロマーナ（ローマの平和）」が崩れ、ローマ帝国はもはやオリンピア大祭の開催を支援しきれなくなったという事情もあった。すなわち、古代オリンピックの消滅は古代地中海世界の枠組みの終焉を意味する。

哲学者たちの古代オリンピック観

ところで古代ギリシャ人はスポーツをどのように考えていたのであろうか。彼らはもっぱらスポーツが軍事教練として有効かどうかという観点からとらえていたらしい。たとえば肯定派はスポーツが身体・精神の鍛錬につながり、実際の軍事行動に役立つと主張、一方、否定派は身体運動は実際の戦闘の場面では無価値であるとか、競技会の優勝者で戦闘で目立った貢献をするのはまれであると論じた。そうした中で、古代オリンピックは貴族など参加者の名誉欲に応える場であるとともに、見物客には華やかで大掛かりな娯楽を提供する場となってきた。

ギリシャ人は、肉体と精神のそれぞれの美しさは、分かちがたく結びついていると考えていたようだ。精神と肉体の二元論は退けられていた。哲学者プラトンでさえ肉体の鍛錬を怠らなかったという。彼は『理想国家論』の中で体育の重要性を説き、本人もレスリング選手でイストミア祭に出場し、オリンピックの見物にも出かけたようだ。

ソクラテスも頑健な身体の持ち主であったと言われており、三度にわたって歩兵として出征し、厳寒期の戦場でも裸足で歩き回ったとの言い伝えがある。クセノフォーンは『ソークラテースの思い出』（第三巻十二、佐々木理訳、岩波文庫、一九七四年）のなかで「いかなる事業においても、身体を強壮にしたために損をするという場合は、一つもないのだ」「身体を使うことがもっとも少ないと思われている思索の場合においてさえ、多くの人々が身体の健康でないために大変な間違いをおかすことを、誰知らぬ者があろうか」と述べている。

一方、アリストテレスは五種競技の選手の身体の美しさを「五種競技の選手が最も美しい。というのは、彼らは生まれつき力強さと速さの素質を両方とも持ち合わせているからである」（アリストテレス『弁論術』戸塚七郎訳、岩波文庫、一九九二年）と称賛した。一つの競技種目に秀でているよりも五つの競技種目でバランスよく能力を発揮する方が立派であるとの見方を示した。

古代ギリシャの三哲人は身体、その鍛錬および精神とのバランスを重視したのである。

第二章
クーベルタンの苦悩

第1回近代オリンピックの開会式

近代オリンピックの生みの親といえば、誰もがクーベルタンの名を挙げるだろう。古代オリンピックにインスピレーションを得たクーベルタンが、近代オリンピックを誕生させるうえで中心的な役割を果たしたことはよく知られている。近代オリンピックを取り仕切る国際オリンピック委員会（ＩＯＣ）の創設者であることも。

しかし、彼が近代オリンピックを巡り掲げた高い理想と、ナショナリズムがはびこる現実との大きなギャップを巡る葛藤や苦悩はあまり知られていないのではないか。クーベルタンは近代オリンピックを「平和の祭典」として、「道徳的・倫理的価値観の形成を目指す人格形成の場」と位置づけた。近代オリンピックは国家間の利害が先鋭化していた一九世紀末の欧州で誕生し、その後、国際政治の荒波に何度も翻弄され、押しつぶされそうになりながらも、生き延びることができたのはクーベルタンが主張した近代オリンピックの理念が、ナショナリズムに抗するうえで防波堤の役割を果たしたからだと考えられるのではないか。

本章では、フランス貴族の出身で教育改革家であったクーベルタンの人生の足跡をたどりつつ、オリンピックの再興に向けた様々な動きとその過程における葛藤、そして一八九六年四月にアテネで開催された第一回近代オリンピックを振り返ってみる。

クーベルタンの理想

クーベルタンのフルネームはピエール・ドゥ・クーベルタン（Pierre de Coubertin）。フランスで家族の名前に de（ドゥ）が付くのは貴族の家系であることを示している。元大統領の Charles de Gaulle（シャルル・ドゥ・ゴール）もそうだ。クーベルタンは男爵家の三男として一八六三年一月一日にパリで生まれた。父の希望で陸軍士官学校で学んだが、軍人になることを嫌がり、教育学者の道を志した。彼は、青春時代を過ごした普仏戦争（一八七〇～一八七一）後のフランスに蔓延していた沈滞ムードを打破するためには、青少年教育を改革する必要があると考えた。当時のフランスでは服従を強いる知識偏重の詰め込み教育が幅を利かせていた。

転機となったのは一八八四年の英国旅行だった。クーベルタンが英国に出かけたのは、自分をどう扱ったらいいか分からないという閉塞感からの解放として、行動を求めたことが背景にあった。彼が英国への旅行を選んだのは、単純な興味ではなく、彼が育った環境の影響があったからだった。彼は子供の頃から旅慣れていたし、彼の属する階級には伝統的なコスモポリタニズムがあった。

クーベルタンは「英国嫌い」だったが、訪れた英国のパブリック・スクールでクリケットやラグビーなどのチームスポーツに学生が積極的にかつ紳士的に取り組む姿勢に感動した。彼はフェアプレーの精神に則ったチームスポーツは、若者の人格形成に役立つと考えた。そしてスポーツを取り込んだ教育改革を推進することを思いついた。

クーベルタンは英国の学校教育の質の高さに感銘を受けた。それは当時、「現代英国教育の父」として尊敬されていた天才トマス・アーノルドによるものであると考えた。アーノルドが考案した独自の教育理念はパブリック・スクールの根本原理となったばかりか、「富める者も貧しき者もあらゆる英国人が子供を育てる際の方法の在り方を変革した」とクーベルタンは言う。クーベルタンによれば、アーノルドの方法は、一に徳育、二に体育、三に社会教育から成り、それらの軸となる二つの原理と方法は「自由とスポーツ」であった。

その後もクーベルタンは各国を回り、見聞を広め、人脈を築いた。一八八七年の米国旅行では大学スポーツの盛況ぶりに接し、スポーツの教育的価値を再認識した。クーベルタンは、スポーツは、①肉体と精神の平衡を取り戻す、②大事な時期にある若者を種々の誘惑から守る、③徐々に、突然の動揺なしに、自発的な交際を育む、という役割を果たし得ると考えていた。

クーベルタンはまた、古代史、特に古代ギリシャ史に強い関心を抱いていた。

彼は古代ギリシャ精神を表わすヘレニズムについて次のように定義している。

ヘレニズムとは何よりもまず、人間性を現世において、均衡のとれた状態において崇拝することである。これは声を大にして言わねばならないが、この考え方は、あらゆる民族、あらゆる時代の精神的態度においてもきわめて珍しいものなのである。ほかにあっては、崇拝とはみなよりよき生の渇望や、死後の償いの観念や、神々を怒らせた者の処罰への恐怖などに基づくものである。だがここでは、幸福とされるのは現在の生である。死後にはただその生を失った悲しみしかない。

（ジョン・J・マカルーン『オリンピックと近代』柴田元幸・菅原克也訳、平凡社、一九八八年）

そして、クーベルタンは当時のスポーツの定義の中に「浄化、宗教的思想を表現し示唆するものが何もないと知ったら、古代人はさぞ驚くことであろう」と論じた。さらに、ネオ・オリンピズム（近代オリンピック運動）について、「その中心的思想、基本的原理とは、古代の運動競技と同じく、現代の運動競技もまた一つの宗教であり、崇拝の行いであり、単なる遊戯からヒロイズムへと発展し得る、情熱的飛翔なのだということである」と言う。こうした見方を西洋文化にある「禁欲主義」と両立させるための手段の一つとして、現代の愛国心、その象徴である国旗を勝者への報酬として掲揚することを提案していた。

一八七〇年代から、ドイツ人考古学者E・クルティウスが古代オリンピア遺跡の発掘作業を進めていた。フランス人チームによるデルフォイ遺跡の発見もクーベルタンの古代ギリシャ世界を巡る想像力を刺激したに違いない。その頃、欧州各地で「オリンピック」と銘打った小規模で地域的な競技会が開催されたが、クーベルタンが夢見たのは古代ギリシャ人の高貴な魂を現代に復活させるための大規模な国際スポーツ競技会の開催である。スポーツ教育の理想的な形としての古代オリンピックの再興である。クーベルタンは古代オリンピックをヘレニズム（ギリシャ精神）の発現であり、それは具体的には「完璧な平衡状態を実現している、現在あるがままの人間の在り方を肯定する精神」と考えた。彼の教育学的見地からのスポーツへの関心と、古代ギリシャ、特にオリンピア祭への憧れが結びついたのである。スポーツの国際交流による世界平和の実現と、スポーツを通しての道徳的・倫理的価値を重視する人格形成の場づくりを目指すというクーベルタンの理想が明確となった。

ソルボンヌ会議での開催決定

一八九二年に開かれたフランス・スポーツ連盟の総会で、クーベルタンは初めてオリンピックを復活させることを提唱した。これを受けて、二年後の一八九四年六月にパリ大学（ソルボンヌ大学）で開かれたスポーツ競技者連合の国際スポーツ会議で審議された。この会議に集まったのは、フランス、英国、米国、ギリシャなど二〇カ国から四七団体を代表する七九名であり、政治家や軍人などスポーツ関係者でない人々が大半を占めた。そして六月二三日に全会一致でオリンピックの復興が決議され、直ちに国際オリンピック委員会（IOC）が設立され、ギリシャ人のD・ビケラスが初代会長に就任した。また、六月二三日はその後「オリンピック・デー」に制定された。

ソルボンヌ会議では、第一回大会は古代オリンピックの故郷オリンピアがあるギリシャのアテネで開くことが決まった。また、古代の伝統に則って四年に一度、世界の大都市で持ち回り開催することも決まった。

話は前後するが、クーベルタンはソルボンヌ会議で参加者の間で古代ギリシャへの憧れを掻《か》き立てるためにある演出をした。それは「アポロンを讃えるデルフォイの讃歌」の演奏だった。この讃歌はデルフォイの発掘を数年前から進めていたフランスの考古学者チームによって発見された、石板に刻まれていたアポロンへの頌《しょう》歌《か》と音符に基づいていた。歌詞はギリシャ語からフランス語へと翻訳され、古代ギリシャのメロディーに調和する合唱のパートが付け加えられ、ハープの演奏と合唱を背景に、オペラ座の歌手が頌歌を朗々と歌い上げ、ムードは弥《いや》が上にも盛り上がった。


その場に居あわせた二千人の人々が、敬虔なる沈黙の中、オリンピックの再生を祝福すべく幾時代もの暗闇を超えて死から甦った神々しい旋律に耳を傾けた。

聖なるハーモニーが聴衆を望ましい雰囲気の中へ引き込んだ。調和ある古代の音楽が時代の隔たりを超えて鳴り渡る中、いわく言い難い霊妙なる感情がその場を覆った。広々とした会場に、ヘレニズムがこうして浸透したのである。この最初の数時間において、会議は絶頂に達したのだ。もはや誰一人としてオリンピック大会の復興に反対の票を投じるものはありえないことが、その時の私には――そうはっきり意識していたかどうかはともあれ――分かったのである。（同前）

クーベルタンは議論の場の合間に次々と祝宴を開き、会議の出席者たちを驚かせた。彼は会議の最終会合で第一回国際オリンピック大会を一八九六年にアテネで開催することを正式提案し、出席者たちは全会一致でこれを承認した。

クーベルタンはオリンピック復興の決定に大いに満足した。

太陽の力強い光のように、幾時代にも広がる霧を貫いて、オリンピックの理念が今ここに甦り、喜ばしい希望の光をもって、二十世紀の幕開けを煌々と照らしだしてくれるのです。
（同前）

米紙ニューヨーク・タイムズはソルボンヌ会議の内容を報じ、プロ選手はオリンピックから除外されることと、アマチュア選手に賞金を与えることが会議で否決されたことを紹介した。

ギリシャ内部の対立

クーベルタンにとってのギリシャは古代ギリシャへの憧れを反映するものであり、長い間のオスマントルコ帝国による支配からようやく脱し、産業革命を成し遂げた西欧諸国に追いつくために近代化政策を推し進める、一九世紀後半のギリシャの現実を念頭に置いたものではなかった。

オリンピック開催を巡りギリシャ国内では賛否両論があった。ハリラオス・トリクーピス首相は、欧州の主流から取り残されたギリシャが近代化を進めるのは急務であり、そのためには莫大な資金が必要で、外国からの莫大な借金によって賄われるオリンピックを開催するどころの話ではなかった。オリンピック開催の申し出がなされる一年前の一八九三年、ギリシャの財政は破綻していた。

一方、オリンピック開催に賛成したのはギリシャ王室関係者と野党の党首、テオドロス・デリヤニスだった。彼らは欧米諸国での古代ギリシャへの関心の高まりを背景に、近代世界におけるギリシャの地位を高めようとしたのである。デリヤニスは近代オリンピックの開催により「高貴なる古代ギリシャ人の末裔」としての国民の愛国心を刺激しようとした。ギリシャ王室は当時、国王ゲオルギオス一世がデンマーク王室の出身、王妃オルガはロシア皇帝アレクサンドル二世の姪に当たるという出自からギリシャ国民との「距離」が取りざたされていた。近代オリンピックのギリシャ開催を王室が後押しすることは王室に対する国民の親近感を増すのに役立つであろうと考えられた。ギリシャでは野党と王室の奇妙な共闘が実現した。

世論の動向はオリンピック開催に傾いた。ギリシャ人の自尊心と愛国心を示す手段としてオリンピックは位置づけられた。オリンピックとナショナリズムの結合である。ただ、オリンピックを「平和の祭典」として、「道徳的・倫理的な人格形成を目指すスポーツ教育」として位置づけるというクーベルタンの理想にギリシャが賛同したわけではなかった。

そうした中でオリンピック開催に反対していたトリクーピス政権が崩壊し、推進派の

「天下」となった。ギリシャ王室はオリンピック開催の旗振り役となった。さらに、開催コストの調達問題は篤志家が現れたことによって解決された。中でもエジプト在住のギリシャ人富豪であるゲオルギオス・アヴェンエロフは、第一回近代オリンピック大会のメイン会場となったパンアテナイ・スタジアムを古代様式に基づいて再建するという壮大な計画に莫大な資金を拠出した。同スタジアムはアテネ市内に今でも存在し、スタジアムに向かって右側にアヴェンエロフの銅像が立っている。

第一回近代オリンピックは四月に開催

第一回近代オリンピックはソルボンヌ会議での開催決定から約一年半後、一八九六年四月六日〜一五日の一〇日間、アテネで開かれた。四月六日はキリスト教徒にとって特別な意味を持つ復活祭の翌日であると同時に、ギリシャが一八二一年にオスマントルコ帝国に対して独立戦争を始めた記念日でもあった（三月二五日との説もあり）。IOCによれば、一四カ国から二四一人の選手が参加し、全員が男性であり、過半数はギリシャ人だった。

アテネは歓喜に沸き返っていた。

クーベルタンが着いたアテネには、熱狂と期待が渦巻いていた。祭りの高揚が町全体を包んでいた。あらゆる公共の建物に飾りつけが施されていた。多彩な色あいの細長い旗が風にたなびき、緑の花輪が建物の正面を飾っていた。『オリンピック大会』のギリシア語のイニシャル『O・A』の二文字と、紀元前七七六年、紀元一八九六年という二つの年号が至る所に書かれ、過去の栄光と今日の復活をうたいあげていた。

（同前）

開会式は四月六日の午後三時過ぎから、アテネのパンアテナイ・スタジアムで行われた。正確な記録は残っていないが、四万〜七万人の観客がつめかけたとされている。観客の九五％はギリシャ人だったという。ギリシャ王室を代表してコンスタンティノス皇太子が開会の言葉を述べた。

オリンピック復興の義務を負ったギリシアは、王室の先導によりさまざまな困難を克服して、今日の日を迎えた。この大会によって、各国の参加者との友好が深められるだけでなく、古代の栄光に見合うギリシア国民が生まれることを祈念する……この大会がギリシアが文明国に仲間入りをはたす契機となることを期待する。

（橋場弦・村田奈々子編『学問としてのオリンピック』山川出版社、二〇一六年）

皇太子の開会の辞はギリシャにとって栄光の日となったことを強調するとともに、ギリシャの「後進性」についての意識を垣間見せた。鳩が空に放たれ、会場では祝祭的雰囲気が盛り上がった。

開会宣言に続いて「オリンピック讃歌」が演奏された。ギリシャの詩人コスティス・パラマス（Kostis Palamas）が詩を書き、同じくギリシャのオペラ作曲家スピリドン・サマラス（Spyridon Samaras）が作曲した。この開会式の演出にクーベルタンは関与しておらず、ギリシャの大会準備委員会が準備した。オリンピック讃歌はその後の大会では忘れ去られたが、一九五八年に東京で行われたＩＯＣ総会で〝復活〟が決まった。当時の東龍太郎ＩＯＣ委員にギリシャのＩＯＣ委員から「第一回アテネ大会で使われた譜面が見つかった」との連絡があり、これを基に古関裕而氏が編曲、野上彰氏が訳詩を担当、六二年ぶりに復活させ、集まったＩＯＣ委員たちの前で演奏したのである。ＩＯＣ委員たちは感動し、以後この曲が正式なオリンピック讃歌となった。以下のように、原詩の翻訳をしている方がいたので、紹介させていただこう。

古代の不滅の魂よ、

美しきもの、大いなるもの、真実なるものの、汚れなき父よ、
こなたへ降り立ち、姿を顕（あら）わし、輝きを放て。
汝（なれ）自らの地と空の栄光において。

足競べの、格闘の、石の投げ合いの最中（さなか）、
高貴な戦いの激しさに輝け。
朽ちることなき枝を以て、栄冠を授けよ。
鋼（はがね）のごとく、逞しく、体を鍛えよ。

野も山も海も汝（なれ）と共に煌（きら）めく、
白と紫の大神殿の如く。
ここなる神殿に馳（は）せ来る者、そは汝（な）が巡礼者なり。
古代の不滅の魂よ、そは全ての民族なり。

（井上孝夫訳）

古代オリンピック復活の原動力となったクーベルタンの功績が語られることはなく、クーベルタンが掲げた理想への言及もなかった。ただひたすらにギリシャのナショナリズム

が高揚した形となった。

開会式に続いて競技が始まった。最初は一〇〇メートル走だった。大会期間中に行われたのは陸上、自転車、フェンシング、射撃、体操、競泳、テニス、重量挙げ、レスリングの九競技、四三種目だった。

大会のハイライトは五日目のマラソンだった。マラソン村を午後二時に出発した二〇人余りの選手のうち午後五時近くになってギリシャ人がほとんどを占める大観衆が待つメイン・スタジアムに最初に到着し、大歓声の中をゴールインしたのはギリシャ人のスピロス・ルイスだった。ゴール直前、コンスタンティノス皇太子とゲオルギオス皇太子が明らかに興奮のあまり、ルイスを真ん中に、スタジアムの端から端まで一緒になって走った。ルイスを群集から守ろうとしたとも考えられる。優勝タイムは二時間五八分五〇秒だった。ルイスと皇太子たちが並走する光景を目の当たりにしたスタジアムの興奮を伝える文章が残っている。

その時スタジアムが呈した壮観は、誠に言葉にしがたいものであった。……勝利を祝う、途切れることのない歓声が、四方の空気そのものを揺り動かした。女たちはスカーフを振り、男たちは帽子を振った。今までは用心深く隠されていたギリシアの小旗が、ここに至って一斉に広げられた。感きわまった観衆は、国歌吹奏を楽隊に迫った。誰もが狂おしい熱狂の虜となった。興奮は外国人たちにも伝染し、彼らもまたさまざまな言語で幸いなる勝者に賞賛の言葉を送った。

（マカルーン前掲書）

勝利したルイスに多くのアテネ市民は多額の金銭、時計、服、カフェのフリーパスなど様々な贈り物を贈ろうとした。しかし、ルイスはすべて断った。クーベルタンは、この行為を「ギリシャの農民が何よりも尊ぶ名誉の意識」に根ざしたものと考え、「アマチュア精神を大きな危機から救ってくれた」と称賛した。ただ、ルイスはその後、マラソン・レースに二度と出場することはなかった。

最終日ゲオルギオス一世国王が勝利者の頭に月桂冠を、そしてオリンピアの聖なるオリーブの枝、証明書、銀メダルを手渡した。二位となった者には銅メダルを授与した。三位の選手への表彰は行われなかった。

「参加することに意義」

第一回近代オリンピックは予想以上の成功を収め、その模様は各国の活字メディアで全世界に報道された。しかし、勝利への執念がナショナリズムを掻き立てたことも否定できない。一九世紀末の欧州では国と国の間で利害が先鋭化し、他国を敵視し、植民地の拡大を競う帝国主義が跋扈《ばっこ》していた。そうした中で、古代オリンピアを復興させる形で近代オリンピックが立ち上がることになる。様々な国の選手が一堂に集い、スポーツ競技で競い合う、国際スポーツ大会が開催され、制度化された意義は大きい。

クーベルタンは近代オリンピックにおいて最も重要なことは「勝利することではなく、参加することである」とオリンピックの理想を掲げた。この点を敷衍して「人生にとって大切なことは成功することではなく、努力すること」であるとし、人生論につなげた。クーベルタンは「オリンピックの理想は人間を作ること、つまり、参加までの過程が大事であり、オリンピックに参加することは人と付き合うこと、すなわち世界平和の意味を含んでいる」とも述べており、オリンピックが「平和の祭典」であり、「道徳的・倫理的価値観の形成を目指す人格形成の場」であることを強調した。

クーベルタンはアテネでの第一回大会終了後、IOCの第二代会長に就任し、一九二五年まで在任し、近代オリンピックを軌道に乗せた。墓はスイスのローザンヌにあるが、心臓は遺言によりオリンピアの遺跡に埋葬された。

第三章
戦争による中断

第3回セントルイス大会のマラソン競技のスタート

国際情勢を巡る大波、小波の中で近代オリンピックに最大の悪影響を及ぼしたのは世界大戦であったことは言うまでもない。約一二世紀も続いた古代オリンピックでは期間中の休戦があった。しかし、第一章で述べたように休戦は全面的なものではなく、競技会の開催に支障が及ぶ戦闘行為に限って停止されたのだった。一方、近代オリンピックでは世界大戦の余波で予定されていた大会そのものが中止となった。第一次大戦（一九一四〜一九一八）中のベルリン大会（一九一六年、第六回）、第二次大戦（一九三九〜一九四五）中の東京大会（一九四〇年、第一二回）、ロンドン大会（一九四四年、第一三回）が中止に追い込まれ、幻の大会となった。中止された大会も「通し番号」をつけて数えられている。

本章ではまず、第一次大戦前の第二回から第五回を振り返り、エピソードも交えながら、近代オリンピックが次第に充実し、定着していく過程をたどる。第六回ベルリン大会の中止を巡る経緯にも触れる。

その後、第一次大戦で特に戦争の傷跡がひどかったベルギーのアントワープ（フランス語ではアンベルス、フランデレン語ではアントウェルペン）で第七回大会が開かれ、「平和の祭典」が復活した。アントワープ大会に続き、ベルリン大会（一九三六年、第一一回）まで四大会が開催された。本章では、ベルリン大会の直前のロサンゼルス大会（一九三二年、第一〇回）まで近代オリンピックの変遷をたどる。

万博従属

第二回のパリ大会と第三回のセントルイス大会は万国博覧会に従属する国際スポーツ競技会として開催された。開催国政府が偶然同時期に行われた万博を重視したのが理由だとみられる。そのため、オリンピックは延々と数カ月間開かれた。万博への〝従属〟から抜け出ることができたのは、第四回のロンドン大会になってからだった。

第二回大会は当初、ギリシャが開催を提案した。ギリシャは、同国が古代オリンピック発祥の地であり、第一回大会で立派な競技場を建設したことなどを挙げ、ギリシャ永久開催を主張した。しかし、こうしたやり方ではオリンピックを世界に普及させることは困難であるとの結論に達し、クーベルタンがオリンピック復興に払った努力に敬意を表してパリ開催となった。大会は万博の開催期間に合わせ、五月二〇日から一〇月二八日まで開かれた。一六競技、九五種目が行われ、二四カ国・地域から九九七人（うち二二人が女子）が参加した。万博従属となったことから大会運営には様々な混乱が生じ、例えば三位以内の入賞者へのメダル授与は陸上競技だけで、それもメダル製作が手間取り、実際に贈られたのは二年後だった。

セントルイス大会も万博従属だったこともあり、開催期間は七月一日から一一月二三日までと長丁場だった。欧州から遠いこともあり、参加者は一二カ国から六五一人とパリ大会を大幅に下回った。

マラソンを巡る三つのエピソード

ここで、近代オリンピックの華とされるマラソンを巡って三つのエピソードを紹介しよう。

①「マラソン・キセル事件」

第三回のセントルイス大会では、「マラソン・キセル事件」が起きた。米国から参加したフレッド・ローツは先頭を走っていたが、暑さのため二〇キロを過ぎた地点で足にけいれんが起きて転倒。そこをたまたま通りかかった車に乗せてもらった。ところがスタジアムまであと五キロの地点でこの車がエンストして動かなくなった。そのときまでには体調を回復していたローツは車を降り、後方に選手の姿が見えないことを確かめて再び走り出した。ローツはそれまでの記録を三〇分縮めて、大歓声の中を一位でゴールインした。

しかし、悪事はすぐばれるものだ。そこに先ほどの車の運転手がやって来て真実を告げると、ゴール地点の会場では大ブーイングが巻き起こり、ローツは失格となり、ローツのおよそ一時間後にゴールインしたトマス・ヒックス（米国人）が真の勝利者となった。

②失格事件

第四回のロンドン大会でのマラソンも、セントルイス大会同様過酷なレースとなった。高温多湿の中、ウィンザー城からロンドンのメイン・スタジアムまでのコースをイタリアのドランド・ピエトリは先頭でスタジアムに戻りゴールを目前にしていたが、それまでに体力を消耗しきっており、あと少しのところで力尽き、自力でゴールできそうになかった。それを見かねた競技委員たちは手を貸し、抱きかかえるようにして彼を一位でゴールさせた。

しかし、二位となった選手の関係者の抗議により、ピエトリは失格となった。それでもピエトリの頑張りに人々は感動し、英国のアレキサンドラ皇太子妃は別に金カップを授与した。

③タイムは五四年八カ月

第五回のストックホルム大会（一九一二年）は日本が初めて参加した大会であった。日本からは東京高等師範学校生のマラソン・ランナー、金栗四三と、東京帝大生の短距離走者、三島弥彦の二人が参加した。しかし、世界の壁は厚かった。三島は一〇〇メートル、二〇〇メートルの予選に参加したがいずれも最下位。四〇〇メートルは予選を通過したが、極度の疲労で準決勝は棄権した。

しかし、金栗の棄権するという意思は開催者側によく伝わっていなかった。一九六七年、ストックホルムでオリンピック開催五五周年記念式典を開くに当たって、スウェーデンのオリンピック委員会が記録を調べていたところ、金栗が「競技中に失踪し、行方不明」となっていることに気づいた。オリンピック委員会は金栗を式典でゴールさせることに決め、式典に招待した。招待を受け、金栗はストックホルムに赴き、競技場内に用意されたゴールテープを切った。ゴールの瞬間、「ただ今のタイムは、五四年八カ月六日五時間三二分二〇秒三。これで第五回ストックホルム大会の全日程は終了」との場内アナウンスがあった。金栗は「長い道のりでした。この間に嫁をめとり、六人の子どもと十人の孫に恵まれました」と応じた。

「国家」と「アマチュアリズム」

第四回ロンドン大会からそれまでの個人、チーム単位の参加から各国の国内オリンピック委員会（NOC）を通じた国ごとに参加の形式に変わった。また、開会式の入場行進も開催国のアルファベット順となった。ただ、オリンピック発祥の地であるギリシャは最初に、開催国は最後に入場するという慣行がある。国ごとに国名を記したプラカードと国旗を掲げての入場行進となった。近代オリンピックが国単位の参加となったことは国家の威信をかけてのメダル獲得競争というナショナリズム、プチ・ナショナリズムにつながっていったことは否定できないだろう。

そうした中で、オリンピックにおける「国家」の扱いにも揺らぎがあった。第五回ストックホルム大会では「国とは何か」という問題が浮上し、ある国の属領が単独参加できるのか否かを巡って議論が沸き起こった。結局、スウェーデンのバルクIOC委員が「IOCの認めたスポーツ領域は政治上の領域に関係ない。属領も独立して参加する資格がある」との判断を示し、〝帝国主義〟を彷彿とさせる議論を退けた。

「アマチュアリズム」を巡る議論も盛んになった。ロンドン大会の際、IOCは「オリンピックに参加できる選手はアマチュアに限る」と定めた。しかし、次のストックホルム大会ではアマチュア規定違反事件が起きた。米国から陸上競技に参加したジム・ソープが大活躍し、金メダルを二個獲得し、一躍「時の人」となったが、その後、ソープは過去に米マイナー・リーグで野球選手をしていたことが発覚し、アマチュア規定に違反したとして金メダルは剝奪された。しかし、この事件には後日談がある。七〇年後の一九八二年にオリンピック憲章から「アマチュア」の文言が削除され、IOC理事会はソープの「復権」

を決めたが、そのときソープは既に他界していた。

幻の一九一六年ベルリン・オリンピック

一八九六年に始まった近代オリンピックは最初に決められた通り、四年に一度、世界の各地を回る形で順調に第五回まで開催された。

第六回大会の開催に当初、名乗りを挙げたのはベルリン、ブダペスト、アレクサンドリア（エジプト）の三都市だった。ベルリンは第五回大会にも当初、手を挙げたが、その後、立候補を撤回したため、ストックホルムで行われた。

ドイツでは当初、近代オリンピックを巡っては英米仏ほど人気は広がらなかったが、アテネ、パリ大会の成功などを受けて次第に関心も高まり、一九〇四年に国内オリンピック委員会が設立された。

そしてとうとう一九一二年のＩＯＣ総会で、四年後の大会をベルリンで開催することが決まった。ドイツ国内では、第五回オリンピックまで体操団体の協力は得られていなかったが、一九一四年までには何とか一九一六年大会での協力の約束を取りつけることができた。

一九一四年に運命は暗転した。同年六月二七、二八両日にドイツでトップ・アスリートが参加して、「プレ・オリンピック」が開かれ期待が高まる中、二日目の六月二八日に、第一次世界大戦の引き金となったサラエボ事件が起きた。オーストリアのフランツ・フェルディナンド皇太子がセルビア人の青年によって暗殺されたのである。当時、セルビアはロシアの後ろ盾を得て勢力拡大策をとっており、セルビアとオーストリアの関係は一触即発の状態にあった。第一次世界大戦が勃発しても、ドイツのオリンピック組織委員会の最初の反応は楽観的なものだった。戦争は早期に終結し、平和が再び訪れるだろうという見方が大勢だったという。

第一次大戦は長引き、第六回ベルリン大会は中止となった。

同大戦はそれまで人類が経験したことがない、大規模で悲惨なものだった。戦車、毒ガス、爆撃機など新兵器が投入され、最終的に戦死者は一六〇〇万人、戦傷者は二〇〇〇万人以上に達したとされる。大戦中の一九一七年にはロシア革命が勃発し、ソビエト共産主義政権への道を開いた。

一九一六年に向けてドイツ・オリンピック委員会は着々と準備を進めていた。大会競技場として四万人を収容できる競技場が一九一二年から一九一三年にかけて整備された。また、スピード・スケートなど冬季競技の実施も計画されていた。

そうした中で、一九一五年にはＩＯＣ会長のクーベルタンはＩＯＣ本部をフランスから中立国スイスのローザンヌに移転することを決めた。しかし、ＩＯＣ総会は第一次大戦後の一九一九年まで開催されなかった。

オリンピックは最大の平和運動

第一次大戦が終わった翌年の一九一九年、クーベルタンは五年ぶりにIOC総会を招集した。一九二〇年大会の開催地は、大戦の深い傷跡が残るベルギーのアントワープと決まった。敢えてベルギーでオリンピックという平和の祭典を行うことでベルギー国民を勇気づけようとしたのだ。大会は二九カ国から二六二二人の選手が参加し、それまでで最大の規模となった。

この大会では、現在もまだその記録が破られていない史上最年長のメダリストが誕生した。大会当日七二歳だった、スウェーデン射撃チームの一員オスカー・スバーンが射撃ランニング・ディア（単発）で銀メダルを獲得したのだ。ちなみに史上最年少のメダリストは第二回パリ大会でボート競技（ペア）に出場したオランダ・チームに会場で急きょ「コックス」役として駆り出されたフランス人の男の子。チームは優勝した。七歳とも一〇歳とも言われている。大会運営がしっかりしていなかったので正確な記録や名前は残っていない。

アントワープ大会では日本人初のメダリストも生まれた。テニスの熊谷一弥がシングルスで銀メダルを獲得。柏尾誠一郎とペアを組んだダブルスでも銀メダルを得た。

この大会に出場した英国のフィリップ・ベーカーは後に、軍縮問題への貢献が評価されノーベル平和賞を授与された。オリンピック選手でノーベル賞受賞者は彼だけである。彼は「オリンピックこそ今世紀最大の平和運動であり、政治はオリンピックに学ばなければならない」と述べ、核兵器の誕生後は「この核の時代に人間にとって大きな希望はオリンピック運動があるということだ」と指摘した。核時代における平和実現の手段としての近代オリンピックを位置づけた。

オリンピック憲章

一九二五年にプラハで開かれたIOC総会ではオリンピック・ムーブメント（運動）の諸規則を定めた「オリンピック憲章」が初めて制定された。憲章はまず、IOCがオリンピック・ムーブメントの最高機関であると規定し、IOCの役割は、オリンピック憲章に則り、率先して「オリンピズム」を普及させることにあると指摘。この目的のために、オリンピック大会が確実に定期的に開催されるようにすることなど一五項目を定めた。

目的に関して、本書のテーマである「五輪と国際情勢」に特に関連があるのは、平和を推進する活動に参加し、オリンピック・ムーブメントの所属員の権利を守るために行動し、オリンピック・ムーブメントの妨げとなるあらゆる差別と闘う。

（一九九六年版。JOCホームページより引用）

という第四項だ。近代オリンピックの目的として平和の推進を強く意識したものだ。また、政治的悪用やコマーシャリズムへの言及もある（第一〇項）。

スポーツや競技者がいかなるかたちにおいても政治的あるいは商業主義的に悪用されることに反対する。

（同前）

このほかにも、女性のスポーツ振興、スポーツ倫理の普及、フェアプレーの精神、ドーピングとの闘い、競技者の健康への配慮、スポーツ選手の将来の社会的職業的安定の保証、万人向けのスポーツの育成・促進、環境問題への配慮などを列挙している。

オリンピック憲章の制定で近代オリンピック運動に〝魂〟が入った。

マイクと選手村の登場

近代オリンピックは回数を重ねるたびに運営方法も改善され、内容も充実していった。一九二四年にパリで開かれた第八回大会では初めてマイクロフォンが使われるようになった。それまでは大きなメガホンが選手や役員への連絡・指示に使われていたが、大観衆の歓声で掻き消されることが多かった。また、選手村も初めて設置された。それまでは選手・関係者はホテルに宿泊していたが、何かと不便なことが多かった。

一九二四年にはフランスのシャモニー・モンブランで試験的に冬季大会が〝独立開催〟された。一六カ国から二五八人の選手が参加し、四競技、一四種目で競った。大会は成功し、翌一九二五年のプラハIOC総会で冬季大会の独立に異論は出ず、前年の大会が「第一回オリンピック冬季競技大会」として認定された。

日本人選手の活躍――悲劇のバロン西

一九二八年の第九回アムステルダム大会頃から日本人の活躍が目立つようになった。同大会では初の日本人金メダリストが誕生した。陸上競技三段跳びの織田幹雄である。織田は決勝で一五メートル二一の記録を出し、ライバルであったケーシーにわずか四センチの差で勝った。日本はアムステルダム大会では陸上競技女子の八〇〇メートルで人見絹枝が銀メダルを勝ち取った。人見は当時、一〇〇メートルの世界記録保持者であったが、準決勝で敗退。雪辱を兼ねて、八〇〇メートルに初めて挑戦したのだった。

ロサンゼルス大会は、一九三一年の満州事変を受けて、日本の〝軍国主義〟への国際世論の風当たりが強くなる中で行われた。日本は一九四〇年の東京でのオリンピック開催も視野に入れてそれまでで最大で、前回の四倍近い一九二人の選手団を派遣した。陸上、水泳競技の選手が主体で、競泳では六種目中、五種目で日本人選手が優勝した。陸上競技では三段跳びで日本が金・銀・銅メダルを独占した。

フィナーレの馬術の大障害飛越個人で西竹一《にしたけいち》（バロン西）が優勝した。これには後日譚があり、一三年後、太平洋戦争で日本の敗色が濃くなる中、バロン西は硫黄島の戦闘に参加、戦死したのだ。バロン西が硫黄島で戦車第二六連隊長として日本軍守備隊に入ることを察知した米軍は「バロン西、貴下はロサンゼルスで限りなき名誉を受けた。降伏は恥辱ではない。われわれは勇戦した貴下を尊敬をもって迎えるだろう」と呼びかけたが、これが届いたかどうか分からなかった。西は三月二一日、四二歳で戦死した。

第四章 ナチスの祭典

——ベルリン・オリンピック

表彰台でナチス式の敬礼をする選手

ベルリン・オリンピックは「ナチスの祭典」の色彩が濃いものだった。ベルリンの目抜き通り、ウンターデンリンデンでは高さ一五メートルのナチスの旗、ハーケンクロイツ（鉤十字）が林立していた。ヒトラーはベルリン大会をドイツ（アーリア）民族の優秀さを誇示する場所として位置づけようとし、その試みは成功したと言わざるを得ない。一〇万人収容のメイン・スタジアムではドイツ選手の活躍が連日目立ち、同国選手団は最多のメダルを獲得した。そうした中で、ヒトラーの鼻を明かしたのが米国の黒人陸上選手、ジェシー・オーエンスだった。マラソンでは日本代表選手として出場した孫基禎（当時、日本の植民地であった朝鮮の出身）が優勝した。ベルリン大会は政治がスポーツの領域に深く入り込んだ大会であり、国際情勢がオリンピックに再び長い影を落とし始めた大会であった。

ヒトラーの心変わり

前章で見たように、ドイツは一九一六年にベルリンで第六回オリンピックを開催する予定だったが、一九一四年に第一次世界大戦が勃発したことで中止となった。同国は大戦後、ヴェルサイユ条約の下で多大な戦時賠償を支払わざるを得なくなった。さらに国際社会への復帰も、第七回、第八回（それぞれ一九二〇年、一九二四年）のオリンピック大会から戦争責任を理由に締め出されるなど大戦後の世界への復帰には時間がかかった。ドイツがオリンピックに復帰したのは一九二八年のアムステルダム大会からだった。この大会ではドイツ選手団の獲得メダル数は三一で最終成績は米国に次ぐ第二位だった。そしてワイマール共和国時代の一九三二年夏、バルセロナで開かれたIOC総会で、とうとう第一一回オリンピックのベルリン開催が決まった。

しかし、ナチスの足音はひたひたと迫っていた。ドイツのオリンピック組織委員会が初会合をベルリン市庁舎で開いたのは、ヒトラーが政権を握る六日前の一九三三年一月二四日である。委員会は活動を始めてすぐに大きな政治的変動に直面することになった。

ヒトラーのナチス政権は当初、オリンピック開催に懐疑的であった。そのため組織委員会はこれまでの大会と同様、資金不足に悩んでいた。ところが、ゲッベルス宣伝相の進言などもあり、ヒトラーはオリンピックの「政治的可能性」、言い換えればナチス政権の宣伝道具として役立ち得ることに気づく。このため、施設整備などオリンピック開催準備予算は事実上、青天井で支出されることになった。

ヒトラーは古代ギリシャ文明に関心があり、特にパルテノン神殿にあるドーリア式の建築が気に入っていた。ヒトラーはまた、ドイツ人は古代ギリシャ人の直系であると思い込んでいた節がある。古代ギリシャ人は現代のアーリア人と同じく金髪、碧眼だった。その子孫が色黒になったのは他の民族との雑婚で血が薄まったからであるとナチスは公に述べていた。

ヒトラー政権は、『オリンピック一九三六』という月刊の広報誌を発行し、その第五号で古代ギリシャ人を讃えた。

（古代）ギリシャ人は、肉体の成長と鍛錬を神の重要にして絶対の命令と見なしていた。身体の健康、四肢の美しさ、完璧性、強さ、競技や闘いでの耐久力、澄み切った、勇敢なまなざし、危険をくぐり抜けた者だけが持つ自信、ギリシャ人にとってこれらが精神の成長や分別、芸術の才能に劣らず重要なものとされた。

ベルリンでは一九三五年、「ヘレニズムのスポーツ展」と題した展覧会が開かれ、古代と近代のオリンピックの結びつきが強調された。

ユダヤ人排斥

ユダヤ人は二世紀前半から故郷パレスチナを追われ、国外離散（ディアスポラ）の運命に翻弄され、欧州各地に流浪してきた。ディアスポラのユダヤ人は異邦世界に同化できず、差別・迫害・追放・屈辱の苦難の歴史を歩んできた。

ヒトラーはそのユダヤ人を国家の機構を破壊する「腐敗分子」と決めつけた。ヒトラーが画学生として「暗い青春時代」を過ごしたウィーンでは反ユダヤ主義的思潮が幅を利かせており、ヒトラーも強い影響を受けたとみられる。
ヒトラーのユダヤ人に対する根拠なき悪態はすさまじい。

　ユダヤ人は遊牧民ではない。なにしろ、遊牧民でも「労働」という概念に対して一定の態度をすでにもっていたのであり、この態度は後の発展のための基礎として、発展に対する必然的で精神的な前提条件が存在している限りで役立ちえた。だが理想主義的な根本的見解は、たとえきわめて薄かったには違いないとしても遊牧民には与えられていた。したがって、遊牧民はかれらの存在様式の全体にわたってアーリア民族とはおそらく無関係であるように見えるとしても、だが性の合わぬものではないだろう。これに反して、ユダヤ人にはおよそそうした態度は存在していないのであり、それゆえかれらは遊牧民でもなく、つねに他民族の体内に住む寄生虫に過ぎない。
（ヒトラー『わが闘争　上』平野一郎・将積茂訳、角川文庫、二〇二四年）

ヒトラーはユダヤ人の思想傾向について、「ドイツをボルシェビキ化すること、すなわち、世界制覇という遠大な野望の手始めとして、ドイツ国民の知性を堕落させ、ユダヤ国際金融資本のくびきにつないで搾取することである」（前掲書）と述べている。

ヒトラーはユダヤ人に対して悪態をつくだけでなく、実際にユダヤ人排斥に向けた行動を起こした。ヒトラーは政権を獲得しておよそ三ヵ月後の一九三三年四月七日にアーリア条項を法制化、これにより、ユダヤ人の公職追放が可能となり、まず最初に弁護士、判事、公務員、芸術家、ジャーナリスト、医者が追放され、ユダヤ人社会は大打撃を被った。ドイツ中に反ユダヤのスローガンが満ち溢れた。「ユダヤ人不要、ユダヤ人と犬お断り、ここではユダヤ人の安全を保障しません、ユダヤ人は招かれざる客……」。

こうした中でほとんどのドイツ国民はナチス体制の犯罪性に対して無関心であった。彼らは人権蹂躙《じゅうりん》、文化の破壊、野蛮な行為の横行に無関心だった。というのも、彼らの関心はもっぱら、ヒトラーが国家を財政破綻と混乱から救い、強烈な指導力を発揮して国民に仕事と金ばかりか、新しい目的意識を与えたことに注がれていた。すなわち、第一次世界大戦の惨禍からの復興、大戦で失われた領土の回復などだ。

ナチス体制の下でドイツ経済は驚異的な復興を遂げたことは否定できない。新事業の隆盛にともない、失業者は一九三三年の六〇〇万人超から、オリンピックの年の一九三六年には一〇〇万人を切った。新規に創出された仕事は軍需関連や軍事目的転用が可能なアウトバーン（高速道路）の建設などの公共工事の分野が多かった。

ドイツにおける反ユダヤ人キャンペーンはユダヤ人を次第に追い詰めていった。ユダヤ人への攻撃は中傷や暴力にとどまらず、ユダヤ人であるだけで食物も買えなくなり、職を失い、子どもは学校を追われ、団体からは締め出されるなど生活が非常に困難になった。

一九三三年にナチス政権が発足して六年間で三〇万人のユダヤ人がドイツを去り、一九三三年だけで約六万人が出国した。高額の出国税も課され、同税は一九三三年の一〇〇万マルクから一九三六～三七年には七〇〇〇万マルクまで引き上げられた。ユダヤ人の大量出国はドイツのユダヤ人社会を動揺させただけでなく、ドイツの文学界、音楽界、美術界など文化の様々な分野にも暗い影を投げかけた。

ヒトラーが特に恐れ、憎悪していたのは「国際ユダヤ＝共産主義」であり、それとの闘いこそ自己の使命と信じていた。その拠点の一つがモスクワであり、スターリンを一九三〇年代半ばから敵視していた。したがって、ベルリン・オリンピックへのソ連の参加は論外であった。

ドイツ陸軍はオリンピックの五カ月前の一九三六年三月、ヴェルサイユ条約を蹂躪して、ラインラントの非武装地帯を占領したが、英国やフランスなどは外交上の激しいやり取りを行っただけで、実力行使など積極的な措置は取らず、結果的にヒトラーの領土拡張主義を阻止する唯一のチャンスを逃してしまった。

ボイコットへの動き

ヒトラーのナチス政権が一九三三年に発足した後、ユダヤ人迫害政策や反政府主義者への弾圧を進めた。ヒトラーはユダヤ人など非アーリア系人をドイツのオリンピック・チームに参加させることを禁止した。これに対してユダヤ人が多い米国や英国、開催地の地位を争ったスペインなどで、開催地の返上やベルリン大会のボイコットなどを求める動きが起きた。ナチス政権の姿勢は平等とフェアプレーを旨とするオリンピック憲章に違反するとして、開催地を他の都市へ移すべきだとの声が高まった。

米国のオリンピック委員会は当時、元オリンピック選手で建設会社を経営しているアベリー・ブランデージが率いていた。ブランデージは当初、ベルリン大会のボイコットを支持していた。国内で影響力の大きい米アマチュア運動連合（AAU）はユダヤ系ドイツ人が参加できなければベルリン大会はボイコットすべしという強硬路線を打ち出しており、ブランデージはこれに賛成していた。

潮目が変わったのは一九三四年のブランデージのドイツ訪問時だった。ナチス政権はブランデージを懐柔しようと試み、ヒトラーと面会させるなどVIP待遇で手厚くもてなすとともに、ドイツ国内のユダヤ人のために建設された特別訓練コースに案内した。ブランデージは好感を覚え、帰国後、米オリンピック委員会はベルリン大会への招待を公式に受諾した。ブランデージの心変わりの背景には、ワシントンの在米ドイツ大使館によるブランデージの建設会社への多額の工事発注があるとの説もある。しかしブランデージも、AAUの説得には手こずった。AAUの会長は、米国のベルリン大会への参加はナチス体制に米国の精神的、資金的支援を与えるものに他ならないと主張するジェレミー・マホーニーだった。

こうした中で、ドイツは一九二八年大会でフェンシング競技で金メダルを獲得したユダヤ系ドイツ人のヘレーヌ・マイヤーのドイツのオリンピック・チームへの復帰を認めるという「象徴的な」措置をとった。米国ではブランデージがオリンピック大会は「アスリートたちのためのものであり、政治家のためにあるのではない」とし、AAU内の反対派の切り崩しにかかった。AAUは一九三五年一二月八日に開いた会合で、最終的にボイコット案を否決、米国の参加が決まった。

ナチス政権はまた、大会期間中とその前後においてユダヤ人迫害政策を緩めることを約束。ヒトラー自身も有色人種、特に黒人に対する差別発言を控えるなどオリンピックを開催するために政策の一時的変更もいとわなかった。それまでドイツ中で見られた反ユダヤ人の標語を掲げた看板は姿を消し、マイヤーに続き、他のユダヤ系選手もオリンピック出場が認められた。さらに一部の反政府活動家は、それまで禁止されていた出国を認められた。しかし、ナチス政権はベルリン・オリンピックを政治的宣伝の手段として利用する一方、再軍備・領土拡張政策を着々と進めていた。そして、各国はナチスのこうした野望をしっかりと見抜くことができなかった。その背景には、ヒトラー政権が批判的なジャーナリストを締め出し、新聞・ラジオなどマスコミに対する検閲を強化し、政権のプロパガンダを大々的に行ったことがある。一九三三―三四年の立法措置で、ユダヤ人、共産主義者、社会主義者及び好ましからざる人物はジャーナリズムから排除された。ドイツ国民は虚偽、誇張、削除の報道に包まれ、国内外で何が起きているかを正確に知ることはできなかった。英米など各国の新聞のベルリン特派員はドイツ政府による厳しい検閲の対象となった。

後講釈となるが、ナチス政権がオリンピック開催をその再軍備・領土拡張政策をカモフラージュするために政治的に利用していると、IOCが同政権の真意を見抜いていたならば、IOCはドイツ以外の国への開催地変更を模索していたであろう。大会の直前にラインラントへの侵攻もあり、第二次世界大戦の足音はひたひたと忍び寄っていた。

一九三六年七月中旬、各国の選手団がベルリンに到着し始めた。参加国は最終的に四九カ国に達した。

七月下旬にはスペインで「対抗オリンピック」開催の動きがあった。これはナチス政権によるベルリン・オリンピックへの抗議として計画された競技大会で、二二の国と地域が選手団を派遣していた。

ベルリン大会が刻々と近づく中で、政治情勢は緊迫化していた。七月二五日、ヒトラーはバイロイトでオペラを鑑賞していた。休憩時間、内戦状態に陥っているスペインで反乱軍を率いるフランコ将軍の密使が訪れた。ヒトラーが直ちに引見すると、フランコ勢はマドリードで反乱を起こしたので、軍事的援助が必要であるとし、ヒトラーに支援を要請したのである。特に、モロッコ人部隊を北アフリカに輸送する飛行機を求めた。ヒトラーは直ちに応じた。

内戦によりスペイン選手団のベルリン大会への参加は不可能となった。バルセロナで予定されていた対抗オリンピックに向けて米国から九人の選手団、英国からは四〇人の選手団が到着していた。開会は七月一九日午後四時、カタルーニャ首相によって宣言されたが、翌朝、催し物が始まるはずの時刻、バルセロナの街は進軍する部隊と小銃の射撃音で騒然としていた。内戦の勃発により、対抗オリンピックは本格的に始まらないうちに幕を閉じてしまった。

聖火リレー

ベルリン大会では初めて聖火リレーが行われた。古代オリンピック発祥の地であるギリシャと開催地を象徴的に結びつけるのが狙いだ。ナチス政権にとっては古代ギリシャと第三帝国の文化的共通点を示す絶好の機会だった。

聖火リレーのために、当時、再軍備を視野にフル稼働していた大鉄鋼会社クルップは、ステンレス鋼製のトーチを三三〇〇本も気前よく寄付した。一キロメートル当たり一本の計算だ。それぞれ長さ六〇センチ、重量七〇〇グラムで、風雨や熱に影響されずに一〇分間燃え続けるマグネシウムが詰めてあった。

七月二〇日朝、オリンピアの古代聖地で円錐形のスチール製反射鏡に太陽光線を集め、可燃物に着火する方法で聖なる火が採火され、聖杯に移された後、ギリシャ人の第一走者のトーチに点火された。

聖火リレーは遥かなる過去への郷愁を誘い、ギリシャ全土で興奮が広がった。

ただ、ハプニングもあった。ユーゴスラビアに入った後、聖火が消えたのだ。トーチが不良品だったらしく、聖火が頼りなさげにちらちらし始めたのを見て、伴走者が走者からあわてて取り上げ、次の中継地点まで急いで向かったものの、次の走者に渡す前に消えてしまったのでマッチで点火するより仕方がなかった。

その後、ブルガリア、ハンガリーを経由してオーストリアに入った。首都ウィーンでは地元のナチス党員が聖火リレーの機に乗じて大デモンストレーションを繰り広げ、騒然となった。リレー走者は親ナチスのスポーツ団体のメンバーであれば、喝采を浴び、非ナチスであればブーイングを浴びせられた。聖火リレーは政治的緊張がみなぎる場所では緊張をますます高める起爆剤となった。

聖火は、チェコスロバキアを経由して、ドイツ国内へ入り、八月一日午前一一時三八分、予定通りベルリンに入り、その後、開会式会場のベルリンのオリンピアシュタディオンに到着した。

ドイツ政府はリレーのためにルート途上の各国の道路事情の調査を念入りに行ったが、一九三九年に勃発した第二次世界大戦において、ドイツ軍はこの調査結果を悪用して、このルートを逆進する形で侵攻を行ったという説もあるが、これには異論もある。

開会式

八月一日の夜明け、ベルリンの天気はすぐれず、午前中は曇天が続き、午後には一度小雨がぱらついた。午後四時からの開会式の直前には曇天ながら安定した空模様となった。

セレモニーはトランペットのファンファーレ、旗の掲揚、団体合唱で始まった。開会式のムードを盛り上げたのは、スタジアム上空に悠然と飛行してきた巨大な飛行船ヒンデンブルク号だった。全長九〇〇フィート、幅一六〇フィートで当時、世界最新、最大のヒンデンブルク号は尾翼にハーケンクロイツを付け、オリンピック旗を下げて飛行し、その巨大で滑らかな機体はまさにドイツの経済復興のシンボルであり、愛国感情を刺激した。ヒンデンブルク号は時速七五マイルで飛行、乗組員四〇名、ツインの部屋に合計五〇名の客を収容し、空飛ぶホテルともてはやされていた。まさに現代のジャンボジェット旅客機の先駆けとも言えよう。

開会式が始まる直前の午後三時五八分、軍服姿のヒトラーが車で到着。スタジアムに入ると、とどろくばかりの歓声が上がった。

入場行進の準備が整い、選手団が陽気なマーチに乗って入ってきた。最初はオリンピック発祥の地、ギリシャ。続いてドイツ語のアルファベット順に従って、エジプト。日本は二七番目だった。

注目されたのは、貴賓席に座るヒトラーの前を通るとき、どのような挨拶をするかだった。まず、第一次世界大戦で敵国だったフランス選手団は、右手を斜め横に掲げるオリンピック式の挨拶をした。ドイツ人の観客はそれを右手を斜め前に突き出すナチス式の挨拶と勘違いしたようだ。フランスの選手団に盛大な拍手が送られた。

一方、英国選手団はオリンピック式挨拶ではなく、きびきびした動作で「頭、右！」をしたところ、拍手はまばらだった。日本人選手団も同様に頭を右に向けただけで、ドイツ人観客の不評を買った。米国人選手団は麦わら帽子をさっと脱ぎ、素早く胸に手を当てるという動作を行い、喝采を浴びた。

観客が最も盛り上がったのはドイツ人選手団の入場だった。約一〇万人のドイツ人観客が立ち上がり、右手をナチス式敬礼のスタイルで挙げた。

選手団がフィールドに整列すると、近代オリンピックの創始者、クーベルタンのメッセージが読み上げられた。

　オリンピックで重要なことは勝つことではなく、参加することである。ちょうど人生で最も重要なのは成功することではなく、努力することにあるように。

しかし、ドイツ政府がベルリン大会に向けて行ってきたことは、クーベルタンの唱える「オリンピック精神」に必ずしも沿ったものではなかった。

ヒトラーの開会宣言はワンセンテンスの短いものだった。

「第一一回オリンピアードを祝し、ベルリン・オリンピックの開会を宣言する」

水兵がアリーナ中央のポールに巨大なオリンピック旗を掲揚し、祝砲が放たれ、二万羽の鳩が舞い上がり、スタジアム上空で弧を描いた後、飛び去っていった。

続いて大作曲家リヒャルト・シュトラウスが演壇に上がり、自作の「オリンピック讃歌」の指揮を始めた。ユダヤ系のシュトラウスは長い間、ナチス政権と対立していたが、彼はあまりにも高名だったので、結局、開会式の晴れの舞台に登場することになった。最後の小節が終わると、最終聖火ランナー（三〇七五人目）になった、シルゲンという名のベルリンっ子がスタジアムに入場、トラックを半周した後、聖火台への階段を上り始めた。観衆の感情は高ぶり、開会式はクライマックスに達しようとしていた。シルゲンは登りきるといったん静止し、トーチを高く掲げた。聖火台に赤々と炎が上がると、大歓声が沸き起こった。

豪勢な開会式の最後は宣誓式だった。

開会式を目にしたものの多くは周到な準備に裏打ちされた、壮大な演出に圧倒された。しかし、中でも外国人の観客は一抹の不安を感じた。スタジアムへの道を取り巻くおびただしい兵士の群れ、ひっきりなしのナチス式敬礼、そしてベルリンの街だけでなく全ドイツを覆う軍事色。不吉な予感を覚える外国人は多かった。

また、ドイツ語のニュアンスに戸惑いを覚えた外国人もいた。たとえば、ドイツ語のkampf（カンプ）は「競技」と同時に「闘い」も意味し、スタジアムのドイツ語kampfbahn（カンプバーン）は「戦場」も意味する。

換言すれば、平和の祭典であるはずのオリンピックにおいて、外国から訪れた人々にはドイツ人の度を越したとも思える強烈な愛国心の発露が気にかかったのである。

ヒトラーの鼻を明かしたオーエンス

ベルリン大会の一番のヒーローは米国の黒人陸上競技選手、ジェシー・オーエンスであったことに誰も異論を挟まないであろう。オーエンスは米中西部オハイオ州の貧しい黒人家庭に生まれたが、幼い頃から走ることにかけては天賦の才を発揮し、大学陸上競技の名門、オハイオ州立大学に進学した。オーエンスの走法は「スカットラー」と呼ばれ、極めて低い姿勢で走り、膝をあまり上げないものだった。一九三五年五月二九日に米国内で開かれた競技会で立て続けに三種目で世界記録を出し、ベルリン大会が始まる前から注目されていた。

ここで時間を巻き戻すと、米国内では黒人選手がベルリン大会に参加すべきかどうか論争となったが、最終的には参加すべしとの主張が大勢となった。フィラデルフィア・トリビューン（The Philadelphia Tribune）やシカゴ・ディフェンダー（Chicago Defender）などの新聞はベルリンで黒人選手が活躍すればナチスによる人種差別や「アーリア人至上主義」を間接的に弱体化させることにつながり、母国（米国）に新しく黒人への誇りが芽生えるとの期待感を表明した。最終的に米国は一八名の黒人選手（男性一六名、女性二名）をベルリン大会に派遣した。

オーエンスはベルリン大会では一〇〇メートル走、二〇〇メートル走では世界新記録で圧勝。走り幅跳びではドイツの選手と熱戦を繰り広げ、辛うじて金メダルを手中にした。四〇〇メートル・リレーの決勝では当日の朝になり、米国はリレー・チームからユダヤ系選手を二名外して、代わりの二名のうち一人はオーエンスを指名、米国チームは優勝した。

このうち一〇〇メートル・レースの決勝は、三〇メートル付近まで横一線だったが、そこからオーエンスが抜け出し、そのままゴールインした。

引き続き行われた表彰式で、オーエンスは米国国歌が流れる中、ヒトラーが陣取る貴賓席の真下にある表彰台に上った。月桂冠を受け取った後、ヒトラーに向かって一礼すると、ヒトラーは型通り、敬礼で応えた。それからくるりと向きを変えた。ヒトラーがオーエンスを貴賓席に招き、握手することはなかった。これに対して、オリンピック取材でベルリンに派遣されていた各国のジャーナリストは、大会で最も偉大なアスリートに対するヒトラーによる冷遇だと受け止めた。ヒトラーは当初、勝者全員を貴賓席に招いて握手していたが、初日、走り幅跳び競技が長引き、中座せざるを得なかった。そこでIOCはすべての勝者と握手するのかしないのかどちらかに統一するようヒトラーに迫ったところ、後者を選んだという。

しかし、オーエンスの表彰式の際、ヒトラーの貴賓席にいた関係者は、ヒトラーが「黒人にメダルを取らせた米国人は恥を知るべきだ。私はあの黒人と握手をする気になどなれない」と語ったことを後で記録している。は黒人への反感を隠しきれなかったただ、この話には後日譚がある。オーエンスは大会後、ヒトラーに冷たくあしらわれたのかと聞かれて、大会中、フィールドから貴賓席を見上げたところ、ヒトラーが立ち上がり、彼に対して手を振ったので、彼もそれに応えたという。オーエンスはヒトラーって言われるような反感は抱いていなかったようだ。

走り幅跳びの予選でオーエンスはファウルを連発、予選通過が危ぶまれる状況となっていたが、最大のライバル、ドイツのルツ・ロングが踏み切りのコツをアドバイスしてくれた。そのおかげでオーエンスは予選の最終跳躍でファウルにならずに済み、決勝に進んだ。

決勝ではオーエンスがロングを破り、優勝した。ロングは二位に終わったが、オーエンスのもとに駆け寄って、彼を抱きしめ、祝意を表した。その後、ヒトラーの側近から「黒人を抱きしめるな」とのメモがロングに届いたという。ロングは七年後に戦死した。

オーエンスは帰国後、大歓迎を受けたわけではなかった。黒人への差別が緩むこともなく、オーエンスは安定した仕事に就けず、見世物としての馬との競走に駆り出されたこともあった。

孫基禎がマラソンで優勝

孫基禎（ソン・ギジョン）は一九一二年八月二九日、鴨緑江《おうりよつこう》沿いの新義州で生まれた。日本統治時代の朝鮮出身の男子マラソン選手で、一九三六年のベルリン・オリンピック大会に出場、アジア出身選手として初めてオリンピックのマラソンで優勝した。

孫はベルリン大会の前年、一九三五年一一月三日の明治神宮体育大会のマラソンで当時の世界記録、二時間二六分四二秒を樹立、オリンピック出場への道が開けた。ベルリン大会では日本選手として出場、当時のオリンピック記録となる二時間二九分一九秒で優勝した。オリンピックの男子マラソンで世界記録保持者として出場した選手が優勝した唯一の例だとされる。京城（ソウル）に「孫、マラソンで優勝」との報が入ると、喜びのあまり街中を走り回る者が続出したという。

孫はマラソンで勝利した二日後に、水泳会場でヒトラーに会うことができた。ヒトラーと握手し、写真にサインをしてもらった。ヒトラーは「よくやった」と言った。孫が「勝てたのはドイツ国民の応援のおかげです」と応じると、ヒトラーは「ふっふっ」と笑ったという。

ベルリン大会の直後、日本統治下の朝鮮の『東亜日報』は胸の日の丸が塗りつぶされた表彰式の写真を掲載した。孫の勝利は日本の勝利ではなく、朝鮮の勝利であることを示そうとしたものとみられる。朝鮮総督府の警務局は執筆した同紙の記者を逮捕し、同紙を発刊停止処分とした。一〇月に帰国した孫には警察官が張りつき、予定されていた歓迎行事も大半が中止された。孫自身も民族意識が強く、ベルリン滞在時には外国人へのサインで「KOREA」とサインし、これが特別高等警察に伝わり、孫への警戒心を強めることになったという。こうした中で、孫はマラソンを続ける意欲を失ったようで、翌一九三七年には明治大学（東京）の予科、続いて本科に進学するが、陸上競技部には所属しなかった。

第二次世界大戦後に大韓民国が建国された後、韓国籍となり、コーチとして後進の指導に尽力した。一九四八年のロンドン・オリンピックと一九五二年のヘルシンキ・オリンピックでは韓国選手団の総監督を務めた。大韓陸上競技連盟会長にも就任し、一九八八年のソウル・オリンピック開会式では聖火を持って、スタジアムに登場した。一九九二年のバルセロナ・オリンピックでは、メイン・スタジアムで観戦する姿が見かけられた。

日本選手の活躍

ベルリン大会で日本選手団は過去最多の六種目で金メダルを獲得した。マラソンの孫選手のほかに、競泳女子二〇〇メートル平泳ぎの前畑秀子、競泳男子平泳ぎ二〇〇メートルの葉室鐵夫、競泳男子一五〇〇メートル自由形の寺田登、陸上男子三段跳びの田島直人、競泳男子八〇〇メートル自由形リレー（遊佐正憲、杉浦重雄、田口正治、新井茂雄）だ。前畑の勝利は、NHKラジオの決勝レースの中継放送で河西アナウンサーが「前畑、頑張れ」と繰り返し、絶叫したことで一躍、話題となった。

閉会式

最終日、障害飛越馬術競技とその表彰式が終わると、いよいよ閉会式が始まった。ファンファーレとともに、スタンドの周囲に青白いサーチライトが灯され、空中に光跡を描いた。

IOCのラツール会長が短いスピーチを行い、四年後、東京に再び集まるよう世界の若者に呼びかけた。巨大なオリンピック旗が掲揚台から降ろされた。突然、照明が消され、オリンピックの鐘が打ち鳴らされるのに合わせて聖火の炎が小さくなり、やがて消えた。閉会式でヒトラーの演説はなかった。

ベルリン大会は終わった。IOCにとっても、ドイツにとっても空前の成功だった。

出場国は前回ロサンゼルス大会を大きく上回る四九カ国・地域だった。参加選手は四〇〇〇名に迫った。記録面でも男子の競技で一七の世界新とオリンピック新が、女子は五つのオリンピック新記録が樹立された。そうした中で、金メダル四個を獲得した米国のオーエンスの活躍は抜きんでていた。ベルリン・オリンピックはオーエンスのオリンピックだった。オリンピックは国家レベルでメダルの数を争うべきものではないが、ナチス政権の観点からすれば、ベルリン大会はドイツにとっても大成功だった。ドイツは金三三、銀二六、銅三〇という大収穫を上げ、楽々と勝利した。

大会期間中、ユダヤ人や有色人種に対する迫害の明らかな証拠は出なかったが、ナチス支持の頻繁なパレードや軍事行進、ヒトラーが入ってくるたびに観衆が異様な興奮ぶりを見せたことは、オリンピック観戦でベルリンを訪問した外国人を不安にさせるものだった。

記録映画「オリンピア」

ベルリン・オリンピックを今でもビビッドに思い出すことができるのは当時、若手の気鋭女性映画監督であったレニ・リーフェンシュタールが心血を注いで記録映画を製作したからだ。彼女は棒高跳びや十種競技、マラソンなどで「再演によるリメイク」を取り入れるなど、厳密に言えばドキュメンタリー映画の常道から離れて大胆な手法も採用し、スポーツの映像記録という分野に新しい地平を切り開いた。

「オリンピア」は「民族の祭典」と「美の祭典」の二部構成となっている。第一部は陸上競技、第二部は水泳などその他の競技を記録している。第一部では、例えばマラソンでは勝者となった孫の勇気ある走りだけでなく、レースのペースについていけない選手の苦悩を延々と撮影した。

ゲッベルス宣伝相はこの映画にナチスが重視するアーリア人至上主義が描かれないことに怒り、ドイツの新聞に一八カ月間、彼女の名前を出すことすら認めなかった。

この映画は一九三八年のベネチア国際映画祭で最優秀作品賞を獲得するなど高い評価を得て、不朽の名作とされている。IOCは以後のオリンピック大会で組織委員会に記録映画の製作を義務づけることにした。

リーフェンシュタールは第二次大戦が始まると報道カメラマンとしてポーランド侵攻を記録したが、ドイツ人によるユダヤ人虐殺を目撃して任務から離れた。上層部への抗議も握りつぶされた。一九四五年、彼女はキッツビューエルの自宅で米進駐軍に逮捕され、しばらく仮収容所で過ごした。戦後、ナチス指導部との親密な関係の責任などを問われ、二度にわたってナチス戦犯法廷に立たされるが、どちらも無罪になっている。

戦争の足音

大会期間中も国際情勢は激しく移り変わった。八月三日夕刻、モスクワではスペイン共産勢力への支援集会が始まろうとしていた。その日、三六度まで気温が上がったモスクワでは、工場や事業所が休業となり、約一二万人の労働者が赤の広場まで行進し、「スペインを裏切る将軍たちよ、くたばれ！　スペイン・プロレタリアートの戦闘、万歳！」の垂れ幕の下に集結した。スペイン人民戦線支援のために、全国の工場、事業所から一〇〇万ポンド相当の義援金が強制的に集められた。

第二次世界大戦は一九三九年九月、ドイツ軍によるポーランド侵攻が発端となり始まった。ドイツは電撃作戦で瞬く間にオランダ、ベルギー、フランスの一部を占領した。その後、独ソ戦により戦争は拡大した。一九四〇年に予定されていたオリンピック東京大会は中止となった。一九四一年一二月には日本の対米英開戦により太平洋戦争が勃発した。

第五章
幻の東京オリンピック

使われることのなかった東京オリンピックのポスター

一九三〇年代の日本では軍国主義化が進み、戦争の足音が高まる中で、「平和の祭典」である国際的行事、オリンピックの東京開催を求める動きが盛り上がり、一度は開催が決定したものの、日中戦争の拡大で返上せざるを得なかった。

オリンピックはそれまで欧米でしか開かれたことがなく、東京開催が実現していればアジアで初のオリンピックとなっていた。有色人種国家でのオリンピック初開催ともなっていたであろう。

日清、日露両戦争に勝利し、第一次世界大戦でも戦勝国となった日本は一九三〇年代初頭には世界の「五大国」の一角を占めるようになっており、オリンピックが開かれていれば、日本の国威のさらなる発揚につながり、国際的地位はますます高まっていたのは間違いない。

日本の関係者が目指していたのは一九四〇年の東京オリンピック開催であり、この年は皇紀二千六百年という節目の年であり、記念行事の中心となるはずだった。

一九三六年七月三一日、第一一回オリンピック大会のスタートを翌日に控えたベルリンで開かれたIOC総会で決まった一九四〇年の東京開催へ向けて準備は着々と進められたが、日中戦争の拡大で日本政府は二年後の一九三八年七月に開催権を返上せざるを得なかった。

日本は第二次世界大戦後、再び、東京へのオリンピック招致活動を進め、一九六〇年の夏季大会の開催都市として立候補したが、最終的には一九六四年まで待たなければならない。

本章では、一九四〇年の東京オリンピックの開催決定に至る経緯と、その後の準備活動、そして中国における戦火の拡大で開催を断念せざるを得なかった事情を一九三〇年代の国際情勢をにらみながらたどっていく。

皇紀二千六百年

皇紀二千六百年開催へ向けた機運が盛り上がるようになったのは一九二九年頃からだ。同年は一〇月二四日、ニューヨーク株式市場で株価が大暴落、世界恐慌の引き金となった。日本経済も直撃を受け、大量の人員整理で街には失業者が溢れ、ストライキや小作人騒動が頻発するようになり、社会不安が高まった。東京も例外ではなかった。こうした暗い世相を吹き飛ばし、併せて一九四〇年の皇紀二千六百年を盛り上げるための大規模な記念行事として同年の東京オリンピック開催が模索されるようになった。

誰が東京へのオリンピック招致を最初に言い出したのかは定かではないが、当時の東京市長であった永田秀次郎や日本学生陸上競技連盟会長の山本忠興という説が有力だ。

永田は一九二九年八月〜一二月にかけてシベリア鉄道経由で世界一周旅行をし、ドイツ、イタリア、米国を歴訪。その際、痛感したのは外国人の日本および日本人に対する無知であり、真の日本を外国人に知ってもらうことが東西友好の促進に不可欠であると考えるようになった。永田は自著『高所より観る』の中で、次のように述べた。

(日本は)東洋文明の代表者として、地理的にも、人種的にも、重大なる使命を有して居《お》る。今日東西の文化を融合して、世界人類の凡てに貢献すべき、絶好の境遇と才幹とを有して居《い》るものは、何としても我国の外には無い。

(橋本一夫『幻の東京オリンピック』講談社学術文庫、二〇一四年)

オリンピックの東京開催で数千人の外国人が日本を訪れ、日本を知ることになり、東西文化の交流に役立つとともに、世界人類への貢献となりうることから、皇紀二千六百年の記念事業の目玉となる、と永田は考えた。

山本は一九二九年に来日した国際陸上競技連盟(IAAF)のジークフリード・エドストレーム(後のIOC会長)と会談、日本でのオリンピック開催は可能か否かという話題に花を咲かせたという。この話は永田にも伝わった。

翌一九三〇年にドイツで開かれた世界学生陸上競技選手権の後、帰国した山本は「オリンピック東京開催は俄然可能である」との報告書を東京市長の永田に提出した。
報道もされるようになった。一九三〇年一二月四日の『時事新報』は「万国オリンピック昭和十五年東京で」という見出しで、次のように報じた。

きたる昭和一五年は神武天皇ご即位あらせられてから紀元まさに二千六百年に当たるので、同年は国家を挙げて壮大な記念式を挙行して世界に輝く皇統連綿の誇りを高らかに祝い、寿ぐはずであるが、この国家的大記念祭の盛儀に意義ある光彩を添えるため、之を機会として万国オリンピックを日本で開催を希望する議論が起こり、永田東京市長は、数日前この件につき、スポーツ界の元老、山本忠興博士を招き、具体的な事情を説明し、大会招待を主唱しても良いと明言した。

しかし、スポーツ界には日本が欧州諸国からあまりにも遠いという地理的事情や、多数の外国人観光客を受け入れるための宿泊施設が未整備などインフラの問題などを挙げて慎重な意見もあった。その筆頭は嘉納治五郎の後を継いで大日本体育協会の第二代会長に就任した岸清一であった。

岸を説得するために引っ張り出されたのが、積極的な賛成論者の嘉納治五郎だった。一九三一年末、築地の料亭での嘉納らによる長時間の説得工作の末、岸はようやく同調したという。

東京市議会は一九三一年一〇月二八日、東京市会議員、寺部頼助ら五人がまとめた「紀元二千六百年を記念し、かつ、帝都繁栄の一助ともするため、第一二回オリンピック大会を東京に招致する」ことを求める建議書を市会に提出した。東京市会はこの建議書を満場一致で採択し、東京市がオリンピック招致運動を主導することになった。建議は、主会場には東京府荏原郡駒沢町（現・東京都世田谷区）の駒沢ゴルフ場跡地の競技場群と明治神宮外苑を当てるとした。

永田市長はまた、ジュネーブの国際連盟事務次長だった、外交官の杉村陽太郎に書簡を送り、海外における東京オリンピック招致活動を依頼した。国内では東京商工会議所に協力を頼んだ。

ロサンゼルス大会

翌一九三二年は第一〇回オリンピック大会がロサンゼルスで開かれる年だった。

ロサンゼルス大会が始まる前にIOC総会が開かれ、嘉納IOC委員が永田東京市長の第一二回オリンピック大会の正式招請状を渡した。

東京市長たる余は、ここに東京市及び東京市民を代表して、国際オリムピック委員諸位に対し、来る一九四〇年の第一二回オリムピック大会を我が日本において開き、その開催地として東京が選ばれんことの最も懇篤なる招請を致す〈中略〉

若し、東京が一九四〇年のオリムピック都市と決定さるるならば、東京市はその大会をして大なる成功を収むべく充分なる責務を尽くし、盛大なる偉業たらしむべく努力を惜しまざることを期する。望むべくはオリムピックの炬火をして東洋に向けしめよ、而して人類の幸福のために相互の一層親密なる接触に依りて国民間の理解を増進し、益々純潔なる、益々熱心なる、益々勇敢なる友好を来さしめよ。

（原文は英語、訳は『東京市公報』一九三二年一月第二七三八号による）

永田東京市長が招請状を提出したことで、東京はローマ、ヘルシンキ、バルセロナ、ブダペスト、アレキサンドリア（エジプト）、ブエノスアイレス、リオデジャネイロ、トロント、ダブリンとともに第一二回オリンピック開催候補地として正式に立候補した。東京を加えた一〇都市による招致合戦は厳しいものとなることが予想された。こうした中で東京以外の九都市は一〇年来、招請活動を行っており、東京の出遅れぶりが目立った。

そうした状況の中で岸清一が注目していたのが当時のドイツの政治情勢の変化だった。ドイツにおいてヒトラー一派が政権を握っても、同一派はかねてより第一一回大会開催を巡ってローマを退けるのは容易ではないと考えていた。

しかし、ヒトラーは政変を起こし首相に就任した後、宣伝相に就任したゲッベルスの説得もあり、オリンピックに否定的だった態度を豹変させた。ゲッベルスはオリンピックの宣伝効果、ナショナリズムを高揚させる効果に着目し、ヒトラーも納得したのである。

その後、オリンピックを巡る情勢はさらに変化する。一九三三年に入り、ドイツの第一一回オリンピック開催地返上の可能性が消え、第一二回については候補都市は東京、ローマ、ヘルシンキの三都市に絞られてきた。東京開催に向けた障害としては、日本の高温多湿の気候や欧米からの地理的距離が遠いことなどが指摘されていた。東京市は前者については例えばフランスのマルセイユに比べてはるかに涼しいこと、後者に関しては参加希望国当たり当時のお金で旅費などに充てるため一〇〇万円の補助を行う方針を表明した。

ムッソリーニ

第一二回大会の開催地を決めるＩＯＣのオスロ総会は一九三五年二月に予定されていた。当時、新たにＩＯＣ委員に就任したばかりの元貴族院議員の副島道正はオスロへの途上、ローマに立ち寄り、駐イタリア大使杉村陽太郎とともに、ムッソリーニ首相との面会を試みた。副島はムッソリーニとの面会の約束を取りつけ、杉村とともに総統官邸を訪れたが、旅行中、悪性の流感にかかり、その上ローマ到着後、病にもかかわらず競技施設の整備状況を視察して回ったため、体調は悪化、待合室で待機中、意識を失い、卒倒した。ホテルにかつぎこまれたとき、体温は四〇度を超え、脈拍は一三八に達し、流感から肋膜炎を併発、重態に陥った。ムッソリーニは病を押して訪ねてきた副島の熱意に感激し、「サムライ」精神を称賛した。副島は五日目に危篤状態を脱し、三週間の入院生活後、杉村とともに再度の会見に臨んだ。副島はムッソリーニに「一九四〇年は紀元二千六百年に当たり、挙国一致でオリンピック招致を希望している。その気持ちを汲んで一九四〇年の大会を日本に譲ってくれるならば、一九四四年大会がローマで開かれるよう日本は全力を尽くす」と説明すると、ムッソリーニは“Will you? Will you?”と叫んだという。会見は一五分間で終わり、ムッソリーニは玄関まで見送ってくれた。ムッソリーニには日本との軍事同盟結成の目論見が既にあったとみられる。

日本は満州事変に続いて中国とのいつ終わるとも知れない戦争に突入しようとしていたし、イタリアはエチオピア軍との武力衝突をきっかけにエチオピアへの本格的な侵略（イタリアは一九三五年一〇月にエチオピアへの侵攻を開始、翌三六年五月には同国を併合した）を企んでいた。

ムッソリーニが「ローマ辞退」を表明したことで、日本国内では日本政府、東京市、大日本体育協会、各政党の足並みがようやくそろい始め、国を挙げての国民的行事としてのオリンピック開催に向けた機運が高まった。

しかし、オスロにおけるIOC総会は日本の目論見通りにはいかず、紛糾した。イタリア代表のIOC委員、ボナコッサがムッソリーニの意向を無視する形で、ローマはあくまでも一九四〇年大会の開催を要求すると言明。また、ボナコッサとともに総会に出席したイタリアのレベル前蔵相は日伊間で何らの話し合いもなされていないと指摘。さらに建設中の競技場について説明するとともに、外国人選手団のイタリア国内の移動にかかる旅費は無料とすることを約束した。

またフィンランドIOC委員が発言し、同国はイタリアや日本に劣らずスポーツ大国であり、資金面では政府が補助金を拠出し、宿舎は既存の学校校舎や船舶を使用すると説明した。こうした中で、日本はローマが改めて辞退するよう工作を行った。その結果、駐ノルウェーのイタリア公使はムッソリーニから「一九四〇年の大会は日本のために放棄する」との電報を受け取ったが、このニュースが流れた時点で既に郵便投票で三四票が届いており、それらの票には「ローマ正式辞退」が反映されていなかった。IOC総会での投票は出席しての投票と郵便投票を合計したものだ。このためＩＯＣは正式決定は翌一九三六年のベルリン総会に持ち越した。

副島とともに日本代表を務めた杉村はオスロ総会を振り返って、日本に不利な点として、日本におけるスポーツを巡る状況に不案内な委員が多いことやＩＯＣはその権威を維持するために独裁者を好まない傾向があり、イタリア委員のムッソリーニに対する態度もその表われであるとした。一方、有利な点としてはムッソリーニが一九四〇年大会を東京に譲ると約束したことやカナダが日本に好意を示したことを挙げた。

イタリアは一九三五年一〇月、第二次エチオピア戦争を開始。ムッソリーニ首相は対日関係の悪化を防ぐため、再び一九四〇年オリンピックの東京開催を支持する意向を表明した。

ヒトラーも後押し

一九三六年に入ると日本の五輪招致活動はいよいよ熱を帯びてきた。同年三月にはそれまで日本の大会立候補に必ずしも好意的でなかったベルギー人のラツールＩＯＣ会長を日本に招待することになった。彼はオスロでのＩＯＣ総会で杉村の「政治的行動」に反感を抱いたとされる。

ラツールの来日を控えた一九三六年二月二六日、陸軍の皇道派青年将校らが国家改造と統制派の打倒を目指して決起（いわゆる二・二六事件）を引き起こして、首相岡田啓介と誤認した義弟の海軍大佐松尾伝蔵を射殺したほか、蔵相高橋是清、教育総監渡辺錠太郎ら合計九人を殺害、侍従長鈴木貫太郎を負傷させた。一五〇〇人の反乱部隊は陸軍省、参謀本部、警視庁などを占拠。永田町周辺を封鎖した。部隊を指揮した野中四郎大尉ら青年将校は「昭和維新」を唱え、クーデターによって天皇親政を実現するのが目的だった。しかし、昭和天皇は「最も信頼する老親を殺害することは真綿にて我が首を絞める行為に等しい」と鎮圧を命じた。二七日までに東京市（現在の東京二三区）に戒厳令が敷かれ、二九日には戒厳司令部は約二万四〇〇〇人の兵力で反乱軍を包囲、投降を呼びかけた。このため、大部分の下士官、兵は投降し、青年将校も野中大尉が自決したほかは憲兵隊に検挙された。

事件で岡田内閣が倒れた後、前外相広田弘毅が組閣した。事件以降、軍部の発言力は一層強まった。二・二六事件で東京に施行された戒厳令は七月一七日まで解除されなかった。

欧州ではドイツが三月七日に、「ラインラント進駐」を開始した。ラインラントはフランス、ベルギー国境に沿ったライン川両岸の地域で、ケルン、デュッセルドルフ、ボンなどの都市が含まれ、ドイツ経済の心臓部だったが、第一次世界大戦後にヴェルサイユ条約により非武装地帯となっていた。ヒトラーは政権掌握後、失地回復を目論んでいた。その手始めとしてラインラントに進駐。これによりヴェルサイユ体制は崩壊した。

フランス政府はラインラントの集団安全保障体制を取り決めた「ロカルノ条約」違反だと強く反発。フランス体育協会のジュール・リメー会長もベルリン大会参加は問題外と語り、ボイコットの火の手が上がるかに見えたが、フランスが頼みとする英国はラインラント問題ではドイツと戦う気がなく、逆にフランスの報復断念を説得した。

日本の国内外とも物情騒然となる中で、ＩＯＣ会長ラツールの招聘計画は予定通り実施された。

三月一九日、彼を乗せた船が横浜に着いた。日章旗、ベルギー国旗、オリンピックの小旗を打ち振って歓迎する、約一〇〇〇人の横浜の各小学校の児童が出迎えた。四月九日までの滞日中、各競技施設の見学のみならず対日理解のために小学校参観、デパート見物、歌舞伎見学など盛りだくさんの日程をこなした。離日三日前の四月六日、日本滞在の感想を聞かれて、「神宮競技場をはじめ日本の競技施設は完全であり、国民のオリンピックに対する熱意も高い。ヨーロッパからの距離が遠く、遠征に時間を要するのが欠点だが、これはオーストラリアや南米も同様でやむを得ないことだ」と指摘、そのうえで「今後はすべての裏工作を廃し、ＩＯＣの決定を待つべきであろう」とクギを刺した。帰国後もラツールは日本に対して好意的な談話を発表、日本の〝ラツール懐柔作戦〟は成功したようだ。

ようやく正式決定

一九三六年八月のベルリンでの第一一回オリンピック大会の直前、同地でＩＯＣ総会が開かれ、次回第一二回大会の開催地について討議、投票が行われた。

総会に先立ち、日本は積極的な根回しを行った。東京市長はドイツが東京大会を支持するとの情報を得ていたので、念押しのために日独親善の記念の品としてヒトラーに和服ひとそろえを送った。また、総会に出席しない南米諸国のＩＯＣ委員に郵便による投票で東京を支持するよう依頼する電報を打った。

総会はローマの辞退により、東京とヘルシンキの一騎打ちになるとみられていたが、驚いたことにロンドンも立候補した。ロンドンでは既に第四回大会が、開催されており、その意図が不明だと受け止める向きもあったが、二度目の開催に向けて財政面のめども立ち、準備が整ったとして招請状を発したとの説明があった。しかし、ロンドンの日英友好団体、ジャパン・ソサエティーはこの際、日本に譲るべきだと主張、総会での投票直前、辞退した。

この結果、開催地は東京とヘルシンキに絞られ、現地時間七月三一日に行われた投票の結果、東京三六票、ヘルシンキ二七票となり、東京に決定した。この結果は日本時間八月一日午前一時過ぎ、東京市役所に打電され、関係者からは「万歳、万歳」の声が上がった。

七年間に及ぶ招致活動の努力が結実した瞬間だった。総会に先立ち、日本への接近を狙っていたヒトラーはＩＯＣに、東京に決めるよう圧力をかけたとも言われる。

満州国の波紋

ベルリン大会後、日本は四年後をにらんで、ドイツ人のウェルナー・クリンゲベルクを日本に技術顧問として招聘し、着々と準備を進めていった。

ベルリン大会を契機にオリンピックは国策や国際政治と無縁ではなくなってきた。東京オリンピックも同じ道を歩もうとしていた。特に、二・二六事件後、専横が目立つ軍部の動向が注目された。国家主義的トーンが強まる日本と平和主義、国際主義のオリンピック運動が両立するのかどうかというジレンマに直面しつつあった。

二・二六事件後、陸軍では、反乱軍に同情的だった皇道派が一掃されて統制派が重要ポストを占めるようになり、「国防充実一二カ年計画」を立案して軍備の大拡張に乗り出した。これとともに「広義国防」のスローガンのもと戦時体制を目指す経済の再編が企図され、軍需工業の拡大、貿易や電力生産の国家統制など全産業の戦時体制への転換、整備が進められようとしていた。戦時体制経済は東京オリンピックに向けた競技場など各施設整備での資材調達を困難にする恐れがあった。そして一九三六年一一月二五日には日独防共協定が締結され、日本はファシズム陣営に加わる姿勢を明確にした。もはやいかなることも軍部抜きでは語ることは不可能となり、軍部の動向が東京オリンピックを左右する流れとなってきた。

日本における国家主義的風潮の蔓延や挙国一致体制が過度に強調されるようになったことにIOCは警戒心を募らせるようになった。

一二月三〇日にドイツIOC委員テオドル・レバルトと会談した武者小路公共公使は有田八郎外相に送った公電の中で「(レバルトは)日本においては次回大会を全く国家的のものとして挙行し、国際的意義を没却せんとする傾向ありとの噂当方に伝わり、ラツール伯は甚だ憤慨している」と伝えた。

こうした中で満州国を巡る問題がオリンピックの東京開催の障壁となる雲行きとなってきた。満州国内には同国の参加が認められないのであれば、日本は開催を拒否すべしという強硬論があった。国際連盟が批准していない満州国は、オリンピック憲章(当時)により大会参加が不可能であり、仮に満州国が大会参加を希望しても組織委員会が拒否せざるを得ない。強硬論者は、こうした事態は満州国の否認につながりかねないと見ていた。

関東軍も多大な関心を寄せていたとみられ、もし満州国側が強く参加を主張した場合、関東軍がそれをバックアップする事態にでもなれば大混乱が生じるのではないかと懸念されていた。

日本陸上競技連盟の浅野均一は、『文藝春秋』（一九三六年六月号）への寄稿文で「東京開催について重大なる問題は友邦満州国の参加問題である……（東京大会の開催が予定される）四年後のわが国の国際関係を考えるとき、現在より、より国際的孤立となるのではないであらうか。其時、果たして満州国の参加を各国が欣然之を迎ふるであらうか。かかる状勢のもとによりオリンピックが東京に招致・開催されたとしても、友邦満州国をネグレクトしていいものであらうか……余程しっかりした用意と覚悟がなくてはならないものと思ふ」と書いた。

ただ、一九三六年七月末のベルリンＩＯＣ総会を前にして、日本国内では満州国問題にあまり注意は払われなかった。

その後、満州国問題はくすぶっていた。

ラツールは「満州国参加については、自分は個人的には同情しているが、そのためには独立国として国際的に承認されることが先決だ」とし、この問題に拘泥し過ぎると新たな困難が生じるとの見方を示した。

日中戦争の暗い影

日中戦争は一九三七年七月に勃発したが、それ以前にも既に東京オリンピック中止論が出始めていた。政友会の河野一郎は「今日のような一触即発の国際情勢においてオリンピックを開催するのはいかがかと思う」と同年三月二〇日の衆議院予算委員会での質問で述べていた。これに対して林銑十郎首相、河原政府委員は政府としては「東京大会の開催を十分援助する」と言明した。ただ、一部右翼団体は「満州国が不参加のオリンピックは開催すべきではない」と主張、東京大会開催への逆風が強まりつつあった。

日中戦争の発端となったのは「盧溝橋事件」である。一九三七年七月七日夜、北京郊外の盧溝橋付近で日本軍一個中隊が演習中、数発の銃声が響き、日本軍兵士一人が行方不明となった。この兵士はやがて発見され、報告を受けた牟田口廉也連隊長は、中国側の攻撃があったと考え、所属大隊を現地に急派、戦端が開かれた。二日後にはいったん停戦が成立し、小規模な軍事衝突は収束したかにみえた。

当時の近衛文麿内閣は、最初は不拡大方針、現地解決主義を打ち出していたが、事態の悪化を警戒する陸軍の要望に応えて、内地から三個師団、朝鮮から一個師団、満州から二個旅団の華北派兵を承認した。政府も陸軍も大軍の派兵により、一挙に大打撃を与えて中国を抑え込もうとしたとみられる。しかし、華北派兵は中国との衝突を局地戦から全面戦争にエスカレートさせる引き金となった。八月一三日には上海でも日中両軍が衝突。「宣戦布告なき戦争」は中国大陸の奥地にまで広がり、泥沼化し、八年間続くことになった。盧溝橋付近での衝突は偶発的なものではなく、関東軍の陰謀ではないかとの見方も根強い。

八月二六日付の『都新聞』（現東京新聞）は「オリンピックに危機、或いは投げ出しの運命か」とのタイトルで、オリンピック返上の可能性ありと報道、副島ＩＯＣ委員の談話を掲載した。

時局は何処まで拡大するか憂慮されているほど長引かないとしても、戦局の発展いかんではオリンピックそのものまでも考へねばならぬと思ひます……オリンピックを返還するかどうかは今のうちに決しなければならない……この際だから政府も率直な意向を示してほしいと思う。そしてオリンピック開催に政府が不賛成なら、東京大会の取り消しも又やむを得ない。

副島の発言は、日本のスポーツ界関係者の中で東京大会返上の可能性に言及した初めてのものだった。

こうした中で、日本での開催を強く支持していた、近代オリンピックの創始者、クーベルタンは九月二日、ジュネーブの公園を散歩中、脳出血で倒れ、急逝した。七四歳だった。クーベルタンは生前、日本に赴任するＩＯＣ派遣の技術顧問、クリンゲベルグに日本国民あてのメッセージを託していた。

東京オリンピック大会は、単にオリンピックの炬火を世界に照し、全亜細亜（アジア）に近代オリンピック精神を最も懇篤なる方法によりて普及せしめるのみならず、古代欧州文明の最も貴重なる所産たる世界的なヘレニズムを、最も洗練された亜細亜の文化芸術と結び付けるものである。（同前）

クーベルタンはこのように理想主義的、文明論的視点からオリンピック大会の東京開催の意義をとらえていた。

日中戦争はその後、拡大し続けた。一一月には大本営が設置され、一二月には日本軍が南京で大量虐殺事件を起こした。日本軍は中華民国の首都南京を占領した際、約六週間もしくは最大二カ月間にわたって、中国軍の捕虜や敗残兵、南京城内など周辺地域の一般市民らに対して殺傷や暴行を加えたとされる。戦後、中国側が南京に建設した記念館の壁には犠牲者敗残兵「三十万人」と大書してある。一方、犠牲者はその約十分の一との説もある。犠牲者数のみならず、事件の規模、虐殺の存否、戦時国際法違反か否かなどについて様々な論争がある。

二〇一五年一〇月九日、国連教育科学文化機関（ユネスコ）は中国の申請に基づいて「南京大虐殺文書（Documents of Nanjing Massacre）」をユネスコの「世界記憶遺産」に登録した。

ラツールの助言

明けて一九三八年に入っても、東京オリンピックに暗影を投げかけている日中戦争が終結する兆しは見えなかった。日本政府は一月一六日に「爾後国民政府ヲ対手トセズ」との声明を発表。これは国民政府との関係断絶を意味し、早期和平の見込みは絶望的となった。

一月一五日付の米紙ニューヨーク・タイムズによれば、英国IOC委員ロード・バーレーは「世界大戦を除けば、交戦国での大会開催は前例がない。もし日本が何らかの理由で大会を辞退したら、開催地は東京と最後まで争ったヘルシンキかロンドンとなるだろう」と東京大会の開催に懐疑的な見方を示した。

日本側は、英国などが交戦国での大会開催に批判的であることに対して、「スポーツと政治の分離論」を持ち出した。

三月一七、一八の両日、カイロで開かれたＩＯＣ総会では東京大会開催を巡る様々な問題が討議された。英国体育協会は「英国の選手は日本での大会開催を支持しない」との立場を打ち出し、東京と開催地を争ったフィンランドも東京大会の中止を求めた。総会期間中、欠席した中国のＩＯＣ委員から開催地の変更を求める電報が届いたが、オリンピック憲章にはこうした決議を認める条項がないことから採決は行われなかった。日本代表は必ず開催すると述べるしかなかった。総会は日本にとって「四面楚歌」の状況だった。総会後、ＩＯＣ委員の嘉納治五郎は「今度の会議は、筏《いかだ》に乗っているような気持ちだった。突き飛ばしに来る人もあれば、足をもってひきずり落とそうとする者がいる。我々は水中に落ちないように頑張ってやっと対岸にたどり着いた」と述懐した。

嘉納はカイロから米国経由で帰国の途に就いたが、五月四日、太平洋上の氷川丸で急性肺炎のため急逝した。船内の嘉納は「ＩＯＣは東京開催をよくぞ認めてくれたものだ」と日本人船客に上機嫌で語っていた。高齢と疲労の蓄積で、発症後、急速に容体が悪化した。氷川丸が横浜に入港する二日前のことだった。嘉納の死は暗雲が立ち込め始めていた東京大会開催の見通しを一層暗くするものだった。

日本はあくまで開催を前提として準備を進めていった。しかし、一九三八年七月の時点で、ラツールIOC会長のもとには約一五〇通の東京大会開催反対の電報が寄せられていた。一九三九年一月の招請状の発送までに戦争が終結しなければ、米英スウェーデン以外の諸国も不参加を表明すると予想されるようになった。ラツールは個人的な考えと断りながら、日本から辞退を表明した方が不体裁なオリンピックを開くより面目が立つ、と日本に助言した。

東京大会開催の障害は日中戦争に対する諸外国の反発だけでなく、戦争遂行のために非軍事目的の物資の調達が窮屈になってきたこともあった。

近衛内閣は六月二三日、東京大会に重大な影響を及ぼす決定を下した。企画院が提出した「昭和十三年ニ於ケル重要物資需給計画改訂ニ関スル件」を承認し、戦争遂行のため軍事目的以外の需要を極度に抑制することにした。戦争遂行に直接必要でない万国博覧会とオリンピック工事の中止も明記された。需給計画改定の背景には日中戦争の長期化と軍需品の生産、供給の確保が次第に厳しくなってきたからである。計画の改定により、鋼材、銑鉄、羊毛、皮革、紙、木材など三三品目の使用が制限されることになった。

東京大会を巡る海外の新聞の論調も厳しさを増してきた。

六月二〇日付のニューヨーク・タイムズは「ベルリン大会が真の国際平和と親善に何ら貢献しなかったように来るべき東京大会もオリンピック本来の目的達成に役立つことはな

いだろう……日本政府の行動が数百万人の中国人を死に導き、その自由生存権を脅かしていることに対し、我々は強い義憤を抱いている。それを隠すような態度を取ることは偽善よりもっと悪質な行為である。もし東京でオリンピックが開催されるようになったら、我々は同大会への参加を拒絶することで、日本政府の行動に対する米国民の道徳的判断を示すことができる」と激烈な調子で、東京大会のボイコットを呼びかけた。

ついに中止決定

国際世論の動向に加え、日中戦争遂行のため、政府は各種資材の統制を強め、オリンピックで使う競技場の建設は不可能になった。

七月一四日、商工省が万国博覧会の延期を決定したのに続き、オリンピックを管轄する厚生省は第一二回東京オリンピック大会の中止を決めた。

厚生省は中止を正式決定した後、直ちに記者会見を開いて発表、「東京オリンピック返上」は直ちに国内外に速報された。厚生省は事前にオリンピック組織委員会に何の相談もせず、組織委員会にとって寝耳に水だった。

翌一五日、政府は閣議で東京オリンピックの返上を正式決定し、その日のうちに厚生次官広瀬久忠は、組織委員会副会長下村宏、事務総長永井松三、東京市長小橋一太に「依命通牒」を渡した。この通牒は第三者的立場からの中止勧告という形を取っていたが、組織委員会や東京市には有無を言わせない姿勢は明確だった。七月一六日に開かれた東京市オリンピック委員会では、議論が紛糾し、規模を縮小してでもあくまで開催すべきだとの意見も出たが、政府の方針には従わざるを得ないとの意見が大勢を占め、不承不承ながら中止勧告の受け入れを決めた。

ＩＯＣ会長のラツールは「残念だが時宜を得た放棄だと思う。後日の開催を望む」との談話を発表した。ＩＯＣは開催地をヘルシンキに変更したが、第二次世界大戦の勃発で中止となった。一九四四年に予定されていた第一三回大会も中止に追い込まれた。

東京でオリンピックが開かれたのは、中止決定の年から二六年後の一九六四年だった。第二次世界大戦が終わり、日本は平和国家として再出発し、復興を成し遂げ、高度経済成長期に差し掛かろうとしていた。

第六章

アジアで初開催の一九六四年東京オリンピック

街頭テレビで東京オリンピックを観戦する人々

日本が開催を返上し、「幻のオリンピック」となった一九四〇年大会から、第二次世界大戦を挟んで、二四年後にようやく日本は東京でアジア初となる東京オリンピックを開催することができた。悲願のオリンピックである。

本章では一九六四年大会の東京招致の経緯や大会の模様、大会期間中の国際情勢の激動に加えて、東京大会の成功が日本の高度経済成長に弾みをつけたことなどに触れる。

日本は戦後初のロンドン大会には不参加

戦後初めて開かれた夏季オリンピックはロンドン大会だった。一九四四年に開催予定だったが、戦争が続いていたので一九四八年に延期された。ロンドンは戦時中のナチス・ドイツによる空爆などがもたらした戦争の傷跡がまだ十分には癒えず、オリンピック専用の競技場や選手村を建設する余裕がなく、軍や大学の施設で代用した。

ロンドン大会には第二次世界大戦の敗戦国であるドイツと日本の選手団は参加を認められなかった。田畑政治日本水泳連盟会長ら日本体育協会の幹部が日本選手団の参加を懸命に訴えたが、相手にされなかった。特に、開催国英国が、日本の参加に強硬に異議を唱えた。ロンドン宛てに日本が参加を要請した電報の返事には太平洋戦争開戦直後、日本がマレー沖で撃沈した戦艦の名前を挙げ、「プリンス・オブ・ウェールズを忘れない」とあり、反日感情のしこりが如実に示されていた。

日独のほかに、ソ連は「オリンピックはブルジョワジーのための大会」と決めつけ、東欧諸国は意欲は十分だったが、国内オリンピック委員会の組織作りに失敗し、参加しなかった。中国は共産党と国民党の内戦でオリンピックどころではなかった。

敗戦から日が浅い日本のスポーツ界では、水泳陣の健闘ぶりが目立っていた。国際水泳連盟への復帰が認められずロンドン大会に選手団を送ることができなかった日本水泳連盟は、オリンピックの競技日程と同じ日程で日本選手権を実施。一五〇〇メートル自由形では古橋廣之進が一八分三七秒〇と当時の世界記録を大幅に上回るタイムを記録、これはロンドン大会で金メダルを獲得した米国のジェームズ・マクレーンの一九分一八秒五より速く、「幻の金メダル」となった。四〇〇メートル自由形でも古橋は世界新記録をマークした。世界は容易に認めようとせず、「日本のプールは短いのではないのか」「時間の測り方がまちがっているのではないか」などの指摘があった。しかし、日本選手の活躍を認めたのは米国の水泳チームの監督、ロバート・キッパスだった。

日本水連は翌一九四九年、国際水連への復帰を認められた。

日本、ヘルシンキ大会で戦後、オリンピックに初参加

ヘルシンキでのオリンピックは一九四〇年に東京で予定されていた大会が日中戦争の激化で中止となり、その代わりにヘルシンキで開催となる運びだったが、これも第二次世界大戦の勃発で返上とされた。

ヘルシンキでの開催は一二年の歳月を経て、一九五二年にようやく実現した。日本はこの大会で戦後初めて参加を認められた。古橋をはじめとする日本の水泳陣の活躍が期待されたが、古橋は直前の南米遠征で体調を崩していたこともあり、不調だった。選手キャリアのピークも過ぎていたようだ。

ヘルシンキ大会の直前に開かれたIOC総会で、中国と中華民国（台湾）双方の参加が決まり、台湾は中国の参加に抗議してボイコットした。中国は初参加となった。ソ連も初めて参加した。

この大会ではメイン・スタジアムが市の中心からわずか一・五キロメートルのところに建設され、その周りにサッカー、水泳、馬術の競技施設が配置され、スムーズな運営が可能となり、フィンランドの組織力が高く評価された。

南半球初のオリンピック、メルボルンで開催

　南半球は北半球と季節が逆であり、一九五六年のメルボルン大会は北半球が冬の季節に開かれた初めてのオリンピックとなった。

　メルボルン大会では国際政治の激動の影響でボイコットが相次いだ。まず、スエズ動乱（第二次中東戦争）に抗議して、エジプト、イラク、レバノンが大会に参加しなかった。スエズ動乱はエジプトのスエズ運河国有化宣言に端を発した。英仏両国は自らの権益侵害を恐れて、イスラエルと組んでスエズ運河を武力攻撃し、占領したが、米国の支援が得られず、世界の批判を浴びる中で撤兵し、エジプト（アラブ側）の勝利に終わった。

　さらに一九五六年のソ連によるハンガリー侵攻に抗議して、スペイン、スイス、オランダが大会をボイコットした。大会では水球のハンガリー対ソ連戦で乱闘が起こり、流血騒ぎとなった。ハンガリー動乱は民主化やソ連軍撤退を要求する労働者や学生らのデモ隊にハンガリー軍が加わり、出動したソ連軍と対峙。流血の市街戦の末、ソ連軍に鎮圧され、ソ連を後ろ盾とするカダル政権が誕生した。ハンガリー動乱での死者は二七〇〇人に達し、約二〇万人のハンガリー市民が西側に亡命した。フェレンツ・プスカシュら四五人の選手も西側に亡命した。一二年後の一九六八年にはチェコスロバキアで同様の民主化運動が発

生したが、またしてもソ連軍に鎮圧された。

また、中国は中華民国の参加に抗議してメルボルン大会をボイコットした。中国の選手団は一九八四年のロサンゼルス大会までオリンピックから遠ざかることになった。

ところで畜産が大きな産業であるオーストラリアでは海外から競技用に持ち込む馬の検疫が厳しく、検疫に六カ月間もかかるため、馬術競技はストックホルムで六月一〇日から一七日まで先行して開かれた。なお、二〇〇〇年のシドニー大会までには検疫技術が改善され、二週間で済むようになった。

ローマ開催は五二年間の悲願

ローマは一九〇八年の開催地に決まっていたが、財政難で開催を返上した。ムッソリーニ時代にも一九四〇年大会に名乗りを挙げたが、日本の強い要請を受けて辞退した。一九六〇年大会はデトロイトやローザンヌ、ブリュッセル、東京などを退けて勝ち取った。五二年間の悲願達成である。

ソ連はローマ大会で三度目のオリンピック出場となり、金メダルの獲得数は四三個で米国（三四個）を抜いて初めてトップに躍り出た。以後、冷戦で対峙する米ソ二大超大国間のメダル獲得競争が繰り広げられることになった。

ローマ大会で最も注目された選手はマラソンで優勝したアベベ・ビキラだった。ローマを裸足で駆け抜けた。かつてイタリアはエチオピアに軍事侵攻したが、軍人のアベベの胸には複雑な思いが去来したに違いない。

アベベのレースは、アフリカの選手の強靭さを世界に印象づけたが、一方で国や人種の違いによる差別意識は根強く残っていた。

米国のボクシング・ヘビー級選手、キャシアス・クレイ（後のモハメド・アリ）は金メダルを獲得したが、米国に帰国後、レストランへの入店を拒否されたことを黒人差別だとして、抗議の意思を示すために金メダルを川に投げ捨てたとされる。その後、ＩＯＣは一九九六年のアトランタ大会で改めて彼に金メダルを授与した。

一九六〇年代初頭の国際情勢の激動

東西冷戦が続く中、一九六〇年代に入り、国際情勢は激しく揺れ動いた。一九六一年には東西冷戦の象徴とも言える「ベルリンの壁」が建設され、一九六二年には米ソが核戦争の瀬戸際まで行った「キューバ危機」が発生した。

一九六四年、ベトナム戦争の本格化に道を開いた「トンキン湾事件」が起きた。同事件は後に米紙ニューヨーク・タイムズによって暴露されたように、米国の「自作自演」だった。

それぞれ簡単に見ていこう。

第二次世界大戦後の一九四九年に東西ドイツが成立、東ドイツはソ連陣営、西ドイツは西側陣営に属する「分断国家」となった。東西両ドイツ間の国境は閉鎖されたが、市内が東西に分割されたベルリンでは東西間の市民の往来が自由で、生活費や住居費が安い東ベルリンから西ベルリンに通勤する市民は約六万人に上った。しかし、通勤にとどまらず、経済格差や権利格差を背景に西側への人口流出が止まらず、東ドイツに深刻な影響を及ぼすようになった。一九六一年八月一三日に突然、東西ベルリン間の通行をすべて遮断し、西ベルリンの周囲を有刺鉄線で囲み、後にはより頑丈なコンクリートの壁を建設した。これは西ベルリンを封鎖して、東ベルリンから隔離する壁だったが、実際には東ベルリン市民が自由でより繁栄した西ベルリンに逃亡するのを防ぐのが目的だった。西ベルリンは東ドイツの中の「孤島」「飛び地」となった。銃で武装した東ドイツの警官が壁の前で見張りに立つようになった。壁を乗り越えて自由の地西ベルリンに逃げようとして、多くの東ベルリン市民がその場で射殺されるという事件が後を絶たなかった。

米国のケネディ大統領は西ベルリンを訪問した際の演説で「私はベルリン人だ（Ich bin ein Berliner）」と述べて西ベルリン市民に連帯感を表明、熱烈に歓迎された。

この壁は後に東ドイツなど東欧共産主義諸国に民主化運動が渦巻く中、一夜にして崩壊する。一九八九年一一月九日のことだった。

核戦争の脅威を全世界に実感させたのがキューバ危機である。キューバは一九五九年、カストロの指導の下、キューバ革命を成功させ、社会主義国家の建設を開始した。これに伴い米国資本は追放され、当時のアイゼンハワー大統領は革命政権の転覆を謀り、亡命キューバ人によるキューバ侵攻を計画した。次のケネディ大統領も前任者の路線を継承し、一九六一年四月に計画は実行されたが、失敗に終わった（ピッグス湾事件）。そうした中で、ソ連のフルシチョフ首相は第三世界の支援と核戦略の強化によって対米優位を得ようとしてキューバに核ミサイルを配備しようとした。一九六二年夏、ソ連とキューバは極秘に軍事協定を締結し、ソ連は密かにキューバにミサイルや発射台、戦車、兵員を送り始めた。一九六二年一〇月一四日、米空軍の偵察機がキューバ上空で撮影した写真から、ソ連によるミサイル基地の建設が進行中であることが判明した。これは米本土への核攻撃が可能になることを意味した。ケネディはテレビ演説を行い、攻撃的兵器がキューバに運び込まれるのを阻止するために同国の周囲を海と空から海上封鎖することを宣言、実行に移した。ソ連は武器と機材を積んだ船をキューバに向かわせており、海上封鎖を突破しようとすれば、米ソ間の直接武力衝突となり、一触即発の核戦争の危機が迫った。こうした中で、ケネディとフルシチョフは書簡のやり取りなどを通じて裏での交渉を重ねた。最終的にフルシチョフは、米国がキューバに侵攻しないことを条件に、ミサイル基地を撤去するとの提案を行い、一〇月二七日に合意が成立して、危機は回避された。

キューバ危機は人類が最も全面核戦争の危機に近づいたエピソードだった。

東西対立の中で、トンキン湾事件はベトナム戦争の本格化に道を開くものだった。トンキン湾事件は一九六四年八月、北ベトナム沖のトンキン湾で北ベトナムの哨戒艇が米海軍の駆逐艦マドックスに二発の魚雷を発射したとされる事件。これを契機に米政府は本格的にベトナム戦争に介入、北爆を開始した。事件当時、北ベトナム外務省はマドックスが北ベトナムの「領海内」で北ベトナムの哨戒艇に遭遇し、哨戒艇に砲撃したのだと反論していた。米政府は米国のマドックスと僚艦ターナー・ジョイが北ベトナムの魚雷艇によって意図的に攻撃されたと主張していた。米国など西側諸国のマスコミは米政府の説明をうのみにしていた。

事件から七年後の一九七一年、ニューヨーク・タイムズは事件が米国による自作自演であったことを暴露した。同紙が入手した米政府の内部文書（いわゆる「ペンタゴン・ペーパーズ」）によると、一九六四年二月一日の時点で、サイゴンの米軍事援助軍司令官の指揮下に「34-A作戦計画」という北ベトナムに対する広範な秘密作戦を既に発動していた。具体的には情報収集、破壊活動、沿岸施設への砲撃に始まり、最終的には北ベトナム経済の中枢を破壊することが目的だった。トンキン湾事件は、「宣戦布告なき戦争」を引き起こすための米国による自作自演のテロ活動だったのだ。

米国はベトナム全土が共産主義者の支配下に入れば、東南アジア諸国がドミノ倒し的に次々と「赤化」するとの「ドミノ理論」を信じていた。一方、ソ連は北ベトナムを支援していた。

東京オリンピックに話を戻せば、東西対立の激化はオリンピックには直接影響しなかった。米国、ソ連、キューバ、ドイツ（東西統一チーム）は選手団を東京に派遣した。

東京オリンピック招請の道

オリンピックを日本で開きたいとの意向が再び表明されたのは、サンフランシスコ平和条約が発効し、日本が独立して日が浅かった一九五二年五月九日のことで、東京都の安井知事が第一七回オリンピック大会を東京に招致したいと述べたときだった。東京都議会はこれを受けて同趣旨の決議案を採択した。翌一九五三年には国会も賛同し、衆議院本会議でオリンピック招致決議案が採択された。一九五四年にはＩＯＣに日本が一九六〇年のオリンピックを東京に招致したいとの意向を通知、四月に訪日したブランデージＩＯＣ会長に助力を要請した。

しかし、六月にパリで開かれたIOC総会では第一七回大会の開催地はローマに決まり、東京は投票では四票しか入らず、最下位だった。

だが、日本はこれで引き下がらなかった。すぐに第一八回大会の東京招致に向けて運動を開始した。まず、IOC総会を東京で開き、日本の戦後復興のめざましさをIOC委員に印象づけようとした。さらに対立候補であるコペンハーゲンやパキスタンのカラチに辞退するよう求めた。そして第三回アジア競技大会を東京で開き、日本の組織力や競技施設の充実ぶりをアピールした。IOC総会での投票に向けて、欧州、中南米諸国などを対象に投票を依頼するキャンペーンも展開した。

東京のほかにデトロイト、ウィーン、ブリュッセルの三都市が第一八回大会に立候補した。東京のキャッチフレーズは「五輪の五つ目の輪をアジアで」というものであり、これに対してデトロイトは「各国の選手を迎えて国際情勢の緩和を」、ウィーンが「輝かしい文化の伝統を持つ我がウィーン」というものだった。一九五九年五月二六日に西ドイツのミュンヘンで開かれた第五五回総会で東京は欧米の三都市を破り、開催地に選出された。東京は過半数を超える三四票、デトロイトは一〇票、ウィーンは九票、ブリュッセルは五票だった。東京が選ばれるに当たって、総会で立候補趣意演説を行った平沢和重（外交官）、中南米諸国の支持を集めるために奔走した日系米国人実業家のフレッド・イサム・ワダ

（和田勇）、東京都議会議員（当時）の北島義彦らの功績が大きかったとされる。

東京オリンピック招致の成功は、戦後日本の悲願であったＧＨＱ（連合国軍総司令部）の占領統治から脱し、国際社会に復帰するという政治目標達成の時代が終わり、高度経済成長を謳歌する時代への転換点となった。一九六〇年の日米安保条約改定後の岸信介首相（当時）の退陣、「国民所得倍増計画」を標榜する池田勇人の登場がそれを明快に象徴している。招致運動は紛れもなく国際政治の舞台におけるスポーツに名を借りた壮大なロビー活動であった。オリンピック招致に関連してマッカーサー元帥やブランデージが日本に示した好意は、隠されたエピソードとして語られるだけではなく、その後の強固な日米関係の萌芽としても見逃せない側面がある。オリンピックは単なるスポーツの祭典ではなく、国力の盛衰を測る大きなバロメーターであり、国民の協力、支持が不可欠だ。

東京開催が決定した日本では政府主導で「東京オリンピック組織委員会」が立ち上げられ、国家の威信をかけて国家予算から国立競技場をはじめとする施設整備に約一六四億円、大会運営費に九四億円、選手強化費に二三億円が計上された。

さらに、所得倍増・高度経済成長政策に大会事業を組み込み、競技施設のほかに、東海道新幹線や首都高速道路の建設などに総経費一兆八〇〇〇億円を投資した。このうち東海道新幹線の建設には世界銀行からの借款も活用された。巨大インフラ・プロジェクトは東京をはじめとする日本の風景を戦後から高度成長時代のモードに一新させる転機となった。財源確保のために、プロ野球と提携して、イタリアの例に倣って「トトカルチョ方式」のくじの実施、都営／区営のオリンピック特別競馬の開催などのアイデアが当時の東龍太郎都知事によって語られたが実施には至らなかった。

オリンピックが近づいても東京都民、日本国民のオリンピックへの関心は低調だった。関心を高めるために、「オリンピック国民運動推進連絡会議」が設立され、「オリンピックでの集い」の開催、オリンピックたばこ「オリンピアス」の発売、オリンピック記念切手の発行、日航機の国際線に五輪マークを入れることなどが実施された。それでもオリンピックに向けた機運は盛り上がらなかった。

国民のムードを一転させたのは聖火リレーだった。「幻の一九四〇年オリンピック」の際、聖火リレーはギリシャで採火した後、中央アジアや東南アジアを回り、日本国内でも行う案が検討されていた。一九六四年大会に先立つ聖火リレーはギリシャ・オリンピアのヘラ神殿で採火された聖火が首都アテネまで運ばれ、同地からまず沖縄に輸送された。まだ米国の委任統治下にあった沖縄では熱狂的に歓迎され、地元紙の『琉球新報』は一面から三面まで使って「感激と興奮のうず、日本人の誇りかみしめ」との大見出しを立てて報じた。聖火はその後、空路、鹿児島、宮崎、札幌と順次着陸して点火され、それぞれを起点として四コースに分かれて、全国四六都道府県約八〇〇〇キロを三〇日間にわたって走り、東京へは開会式前日の一〇月九日に集結した。当時、山口県内の中学三年生だった筆者は、聖火を掲げて走る元日本人マラソン選手の貞永信義氏（ローマ大会出場）の伴走者チームの一員として一区間走った。晴れ渡った秋空の下、聖火はしっかりと燃え、油の匂いがつんと鼻を突いたことを覚えている。

東京オリンピックは一九六四年一〇月一〇日から二四日まで一五日間の日程で行われた。東京大会直前、朝鮮民主主義人民共和国（北朝鮮）とインドネシアの選手が東京から引き上げるという事件が起きた。両国ともオリンピック規約違反に問われたのだ。

東京オリンピックの二年前の一九六二年、インドネシアはジャカルタで第四回アジア競技大会を開いた。同大会の開会式（八月二四日）を五日後に控えたエントリーシート締め切り日に、インドネシアは台湾とイスラエルの選手のインドネシア入国を拒否する方針を表明した。スカルノ大統領（当時）は西イリアンをオランダから〝解放〟して意気が上がっていたときであり、また、非同盟運動の急進派である中国に接近しようとしていた。インドネシアは中国政府への配慮から台湾を、宗教上の理由からイスラエルを排除しようという動きに出たのである。

インドネシアの方針は、「人種、宗教、政治上の差別をしてはならない」とのオリンピック憲章に明白に違反するものだった。IOCは台湾とイスラエルの選手団の入国を拒否したインドネシアに対し、オリンピック参加資格を停止した。インドネシアはすぐにIOC脱退を表明して対抗するとともに、新興国の選手だけが植民地主義反対のスローガンの下に参加する新興国競技大会（ガネフォ）の開催を打ち出した。IOCは政治色の強いこの大会に参加しないように各国に呼びかけた。国際陸連や国際水連はガネフォに参加した選手は資格停止処分にすると警告した。

一九六三年一一月にジャカルタで開かれたガネフォには四二カ国から約二〇〇〇人が参加した。だが、国際陸連と国際水連があらかじめ警告していたため、各国は特に陸上・水泳種目では有力選手を送り込まなかった。しかし、北朝鮮は例外だった。陸上女子中距離走の世界的第一人者、辛金丹はこの大会に参加したため、翌年の東京オリンピックに出場できなかった。彼女は東京入りしていたが、帰国せざるを得なかった。ただ、帰国直前、北朝鮮から脱出し、生き別れとなっていた父親と短時間、涙の再会を果たすことができた。

秋晴れの開会式

東京オリンピックの参加国数はそれまでの最大の九三カ国に達した。アジア、アフリカ諸国で植民地が次々に独立した影響が大きい。参加選手は五一五二人だった。実施競技は柔道とバレーボールが新たに加わり、二〇競技、総種目数は初めて一六三に上った。

筆者には東京オリンピックの開会式を巡り、白黒版とカラー版の二種類の記憶がある。前者はNHKの中継映像であり、後者は大会終了後、製作された記録映画「東京オリンピック」の映像だ。前者では日本人選手団のブレザーが鮮やかな赤だったことや、航空自衛隊が青空に曲芸飛行で描いた〝五輪〟の色は分からなかった。ただ、前夜からの雨が上がり、抜けるような秋晴れであったことは白黒映像でもよく見てとれた。開会式のハイライトは各国選手団の入場と聖火リレー最終ランナー、坂井義則君によって聖火台まで聖火が運ばれ、点火されたことだった。坂井君は広島出身で、広島に原爆が落とされた一九四五年八月六日に広島に近い三次市で生まれ、当時は早大生（競走部所属）だった。原爆投下の日に生を享けた坂井君が青空の下、聖火台への階段を駆け上がる姿はまさに日本復興を象徴的に表わすものだった。開会式の挨拶の中では、ブランデージIOC会長がたどたどしい日本語で天皇陛下に開会宣言をお願いしたことくらいしか覚えていない。

開会式は日本人にとって晴れがましい舞台であった。敗戦後一九年間、復興の努力を重ね、国際社会に再び受け入れられたことを示した。

開会式の模様は人工衛星で初めて宇宙中継された。

米ソがトップ争い

東京オリンピックでは戦後の冷戦体制下で覇権争いをしていた米国とソ連が金メダル争いを繰り広げた。金メダル獲得数は米国が三六個、ソ連が三〇個だった。米国チームはドン・ショランダーの競泳四種目制覇、「褐色の弾丸」R・L・ヘイズの陸上男子一〇〇メートル優勝が目立った。ソ連は体操女子団体で優勝、男子体操鉄棒ではボリス・シャハリンの勝利などが注目された。

他の外国選手では体操女子でチェコスロバキアのベラ・チャスラフスカは「体操の名花」と呼ばれ、平均台と跳馬で優勝した。マラソン男子ではローマ大会に引き続き、エチオピアのアベベ・ビキラが二連勝に輝いた。しかし、東京オリンピック後、アベベの人生は暗転した。日本選手では円谷幸吉が三位に入った。円谷はその後、自死を遂げた。

金メダル獲得数では日本は三位の一六個。「東洋の魔女」と呼ばれた女子バレーボール・チームがソ連を下した決勝戦では多くの日本人がテレビにくぎづけになった。一方、日本のお家芸で新たに種目に加えられた柔道男子の無差別級では日本の神永昭夫が決勝でオランダのアントン・ヘーシンクに抑え込まれ、敗れた。

アベベその後

前述したように東京オリンピックの後、アベベの人生は暗転した。一九六八年のメキシコシティーでのオリンピックでも有望視されていた。しかし、メキシコ大会を三カ月後に控えた一九六八年夏、アベベはマラソン練習中に右膝に痛みを覚え、電気治療のために西ドイツに渡航したのである。彼はメキシコ大会のマラソンには出場したものの、体調不良から一六キロ付近で歩き始めた。優勝したのは同じエチオピアのマモだった。超人アベベにもついに敗北の日が来た。それから五カ月後の一九六九年三月、ロンドン発の外電が、アベベはエチオピアでの自動車事故で負傷し、ロンドンに運ばれて同地郊外のストークマンデビル病院に入院したとの関係者の話を伝えた。

事故は三月二三日午後一一時頃、アジスアベバ郊外の道路でフォルクスワーゲンを運転していたアベベが道路の真ん中を走って来たジープのライトに目がくらみ、ハンドルを切り損ねた。アベベの車は側溝に落ちて大破し、アベベは意識を失った。第七頸椎が外れ、全身まひの重傷だった。アベベは車椅子の生活になったが、機能回復の訓練に励んだ。事故から四カ月後、アベベはパラリンピックの前身とも言える大会に出場した。車椅子に乗って洋弓競技に出場したのである。米AP通信は、「彼の不屈の闘志は全世界の身体障碍者にとってすばらしい励ましと支えになるだろう」と称賛した。一九七一年の四月にはノルウェーで開かれた身障者スポーツ週間に参加し、防寒服に身を固めて犬ぞりレースに出場して優勝した。アベベはそれから二年半後にこの世を去った。

フルシチョフの失脚と中国核実験

東京オリンピック期間中、国際情勢は激変した。ソ連のフルシチョフ第一書記兼首相が突然、解任され、中国が同国としては初の核実験を行った。しかし、オリンピックは予定通り進められた。

まずフルシチョフの失脚を見てみよう。一九六四年一〇月一二日、フルシチョフの不在中に開催されたソ連共産党拡大幹部会は、フルシチョフを解任する決議を採択した。翌日、軍用機でモスクワに呼び出されたフルシチョフは、幹部会で退陣を迫られ、スースロフ書記が代表して、彼の経済政策と外交政策の失敗を列挙し、さらに恣意的で独裁的なやり方を批判した。フルシチョフはやむなく辞職願に署名し、次の第一書記にはブレジネフ、首相にはコスイギンが就任した。フルシチョフの農業政策については、生産第一主義をとり、土地や気候、伝統的農法を無視し、一九六三年には大凶作となったことを指摘。外交政策ではケネディの脅しに屈し、キューバ危機でミサイルを撤去したことが保守派や軍部からソ連の権威を失墜させたと批判された。政治手法としては第二二回共産党大会で党員の反対を押し切って任期制を導入したことがやり玉に挙げられた。フルシチョフはその後、年金生活を送り、一九七一年に死去した。

中国は一九六四年一〇月一六日、新疆ウイグル自治区ロプノールの実験場で、同国初の核実験を実施した。これにより中国は米ソ英仏に次いで、世界で五番目の核保有国となった。これ以降、中国は新疆ウイグル自治区の実験場で空中核爆発実験を繰り返して行った。一九九六年までに四六回行い、そのうち二三回が大気圏内核実験だった。中国政府は隠蔽しているものの、多数の死者と被曝者が出た模様。世界ウイグル会議のラビア・カーディル議長は、中国共産党の機密文書では、核爆発による死者を七五万人と推定していると話している。

その他の世界の動き

史上初の三人乗り宇宙船であるソ連のボスホート一号がオリンピック期間中の一〇月一二日に打ち上げられ、東京上空を飛行する際、オリンピックに参加する世界の青年に「熱烈な挨拶」を送った。

一九六八年四月に凶弾に倒れた米国の公民権運動指導者マーチン・ルーサー・キング牧

師のノーベル平和賞の受賞が決まったのもオリンピック期間中の一〇月一四日だった。

英国領北ローデシアは閉会式当日の一〇月二四日にザンビア共和国として独立、国旗も付け替えられた。

東京オリンピックのロジスティックス

オリンピックでの華やかな競技や演技、試合の裏で、表にはあまり出ない重要な後方業務（ロジスティックス）があった。具体的には、選手団への食事の提供と競技や演技、試合の模様及び結果を伝える報道機関の速報体制に触れる。

選手村での給食業務は社団法人日本ホテル協会が名乗りを挙げ、材料費こそ受け取ったものの、調理に関しては実質的に無償で給食業務を請け負った。選手村に宿泊する選手たちの最大の関心事は食事だった。しかし、当時わが国にはフランス料理やイタリア料理、中華料理、韓国料理のコックは多くいたが、他のアジア諸国やアフリカ、中東のエスニック料理のコックはほぼ皆無に等しかった。そこで、選手村食堂の責任者に任命されたのが帝国ホテル料理長、村上信夫だった。力を入れたのは、在京の中近東やアフリカの大使館を回って大使館付きの料理人や大使、館員の夫人に料理を作ってもらい、試食し、レシピを完成させることだった。

また、大量の食事を賄うために冷凍食品の技術や解凍法、調理法が東京オリンピックをきっかけとして発達した。

オリンピック選手村で消費された食材の量も膨大だった。開村から閉村までの期間中に消費された食材は、牛三四〇頭、豚二八〇頭、羊六〇〇頭、鶏六万羽、えび、鮭、ヒラメ合計四六トン、野菜三五六トン、鶏卵七二万個、コメ一六トン、食パン八万六千斤、牛乳五〇万本だった。

オリンピックでは記録が「生命線」だ。東京オリンピックでは最新式の速報システムが導入された。それは日本IBMが約二年半がかりで開発した、コンピューターのリアルタイムシステムによる競技結果の速報だった。一九六〇年のローマ大会までは、競技の結果を入力し、順位をつけるのには時間と人手がいった。日本IBMはコンピューターと伝送システムを組み合わせ、競技の結果がすぐ分かるようにした。プレスセンターのある日本青年館に設置されたコンピューターにより、リアルタイムで記録が管理され、全競技会場に置かれた端末で入力された各競技の記録が集められただけでなく、端末でどの競技場においても他の競技場の結果が参照できた。また、公式記録の確定も速やかに行われた。リアルタイムシステムは記者の間でも評判がよかった。

東京オリンピックの公式記録映画の製作は当初、黒澤明監督に依頼されたが、同氏は固辞。今井正監督や新藤兼人監督らも断ったため、市川崑監督が引き受けた。映画「東京オリンピック」は出場選手の心情を重視した演出や複数のカメラを使用した多角的な描写を駆使し、記録性よりも芸術性を目指した作品となった。オリンピック担当大臣の河野一郎は関係者向けの試写を見て「記録性を無視した全くひどい映画」と酷評、これを受けて市川は試写版に日本人金メダリストやオリンピック建造物の映像を追加して、公開版を製作した。

公開後六カ月間の観客動員は一九六〇万人、配給収入は一二億円の大ヒットだった。カンヌ国際映画祭でも国際批評家賞を獲得した。

東京オリンピックに先立つ一九六四年四月二八日、日本はパリに本拠を置く「先進国クラブ」である、経済協力開発機構（OECD）への加盟が認められた。アジアでは原加盟国のトルコに次いで二番目であり、前身の欧州の戦後復興のためのマーシャル・プランと無関係の国では初めてだった。戦前は「五大国」の一角を占めていた日本が先進国グループに復帰した瞬間だった。東京へのオリンピック招致が評価されたとみられる。

当時、ボディビルや剣道などを通じて文武両道を目指していた作家の三島由紀夫は、オリンピック・リポーターとして大会中、式典や各競技の感動の模様を伝え、朝日、毎日、報知などの各新聞に連載した。開会式については「やっぱりこれをやってよかった。これをやらなかったら日本人は病気になる」、「小泉八雲が日本人を『東洋のギリシャ人』と呼んだ時から、オリンピックはいつか日本に迎えられる運命にあったといってよい」と表現した。

閉会式は誘導のトラブルからそれまで慣例だった、国別の整然とした入場が行われず、各国選手が入り混じって腕や肩を組みながら入場する形となり、これがかえって友好ムードを現したものとして歓迎された。東京方式はその後の大会の閉会式で採用された。

日本の池田首相は一九六四年九月、精密検査でがんが見つかり、入院加療中で、一〇月一〇日の開会式には出席したが、二四日の閉会式には出なかった。閉会式翌日の一〇月二五日に辞任を発表、翌年帰らぬ人となった。

オリンピックを転機に、日本は先進国クラブに復帰し、高度成長をひた走ることになった。

第七章
人種差別とテロの悲劇

メキシコシティー大会にて、人種差別への抗議を示す選手たち

一九六四年の東京オリンピックは幸運なことに国際情勢の変化にさほど影響されずに、アジア初のオリンピックとして成功裏に終わった。しかし、東京大会に続く一九六八年のメキシコシティー大会では米国の黒人選手による人種差別への抗議がクローズアップされ、一九七二年のミュンヘン大会ではパレスチナ・ゲリラがイスラエル人選手の宿舎を襲撃、選手とコーチを人質に取って立てこもり、多数の死者が出るという凄惨なテロ事件が起きた。一九七六年のモントリオール大会では南アフリカのアパルトヘイト（人種隔離政策）に対する抗議に関連してボイコットが目立った。

本章では国際社会における対立がテロやボイコット、競技場での抗議行動によって持ち込まれた経緯とその背景について考察する。

戦後史の転換点、一九六八年

メキシコシティー大会が行われた一九六八年は戦後史の転換点だった。泥沼化したベトナム戦争では一月に米軍・南ベトナム軍と対峙する南ベトナム解放民族戦線（ベトコン）によるテト（旧正月）攻勢があり、米政府の焦燥感は強まった。一方、米国をはじめとする西側先進国ではベトナム戦争反対運動が盛り上がりを見せた。米国内の多くの都市では人種差別が引き金となった暴動や警察との衝突で多数の死者が出た。ジョンソン大統領は三月末、同年一一月の大統領選挙への不出馬を表明、レームダック化した。四月四日には人種差別に反対し、公民権運動をリードしてきたマーチン・ルーサー・キング牧師が暗殺された。二カ月後の六月初めには民主党の予備選挙で勝利したロバート・ケネディ司法長官（ジョン・F・ケネディ大統領の実弟）がロサンゼルスのホテルで暗殺された。兄弟そろって凶弾に倒れたことになる。この年の大統領選挙では共和党のリチャード・ニクソンが勝利するが、ワシントン・ポスト紙の記者が後に暴露するように（映画「大統領の陰謀」に描かれている）、ニクソン陣営は様々な裏工作を行ったとされる。米国外ではフランスで「五月革命」、チェコスロバキアにおける同年春の一連の自由化の爆発とも言える「プラハの春」が起きた。

フランスの五月革命を先導したのは学生による民主化要求運動であり、ベトナム戦争反対運動の流れも加わり、同一九六八年五月に最高潮に達した。同月二日から三日にかけてセーヌ河左岸のカルチェラタンを含むパリ中心部で大規模な学生デモが行われた。二一日にはベトナム戦争に関連して米国に、「プラハの春」事件に関連してソ連に抗議し、「自由と平等と自治」を掲げた約一〇〇〇万人の労働者と学生が大規模なストを行った。これに対して治安部隊が参加者を殴打したため、ストはさらに広がり、交通システムはまひ状態に陥った。この一連の動きが「五月革命」である。抗議行動の模様は例えば二〇一八年に公開されたフランス映画「グッバイ・ゴダール！」などに活写されている。当時のドゥ・ゴール政権は危機感を募らせ、国民議会を解散して、総選挙に打って出た。五月二七日、ドゥ・ゴール政権は労働者との賃上げ交渉で寛大な対応を示し、これを契機に徐々に事態は沈静化していった。五月革命を受けて、各大学では学生の自発的なアイデアを議論させる授業が行われるようになるとともに、学生の自治権が承認され、高等教育機関における位階制度が見直されるようになった。五月革命ではキューバ革命のチェ・ゲバラと中国文化大革命の毛沢東が偶像視されたが、新たな革命的理念は提出されなかった。強いて言えば、工場における労働者の「自主管理」が挙げられよう。そうした中で、五月革命は戦後続いた「父権的支配」から脱出する「社会革命」「文化革命」でもあった。さらに西独やイタリア、日本など他の先進国の左翼学生の運動を活性化するとともに、マスメディアを通じて、国の枠組みに収まらない新たな草の根文化（サブカルチャー）やユートピア的な反体制文化が世界的にある種の「同調化（シンクロナイゼーション）」を示すきっかけになった。

ドゥ・ゴール派は総選挙に圧勝し、学生や労働者の体制変革の夢は短期的には実現しなかった。しかし、中長期的には女性解放、人種差別撤廃、性的解放、反帝国主義、ベトナム終戦（一九七五年）、ＬＧＢＴ運動、少数民族の権利擁護、環境保護運動など現代につながる大衆運動の先駆けとなり、フランスのみならず、他の欧州諸国や米国においても同様の現象がみられ、これは「六八年精神」と呼ばれるようになった。

プラハの春

ソ連圏のチェコスロバキアでは一九六八年一月に共産党政権がアレクサンデル・ドプチェクを第一書記に選任、改革派を登用して民主化に乗り出した。まず、三月には検閲制度を廃止し、言論の自由を保証。四月には新たな共産党行動綱領が採択され、「人間の顔をした社会主義」が打ち出された。同綱領は、①共産党への権限の一元的集中の是正、②粛清犠牲者の名誉回復、③言論や芸術活動の自由化、などをうたった。綱領の採択を受けて、同国では政治の在り方を巡る議論が活発化、首都プラハにはミニスカートのファッションなど西欧風の文化現象も顕著にみられるようになった。六月には七〇人余りの知識人が「二千語宣言」に署名して、ドプチェク路線を強く支持し、民主化の後退を許さないとの決意を表明した。チェコスロバキアにおけるこれら一連の自由化の動きを「プラハの春」と呼ぶ。

しかし、ソ連やポーランド、ハンガリーなど他の東側諸国の共産党政権は、「プラハの春」に危機感を抱いた。ソ連は特に同宣言を反革命の兆候と見なした。八月二〇日、ソ連のブレジネフ政権はワルシャワ条約機構五カ国軍をチェコスロバキアに侵攻させて、民主化運動の軍事的弾圧に乗り出した。市民が抗議する中、プラハの中心部を制圧、チェコスロバキア全土を占領下に置いた。ソ連軍の戦車に向かって丸腰の青年が投石する様子をとらえた写真などが全世界に報道された。ドプチェク氏ら改革派の幹部は連行された。この弾圧により、プラハの春は踏みにじられ、事実上、終焉を迎えることになった。

チェコスロバキアにおける共産党自身による内部改革の試みが「社会主義の祖国」ソ連によって押しつぶされたことは、わずかながらも残っていた社会主義に対する期待、希望を一掃し、国際共産主義運動を分裂させることになった。

フランスやイタリアの共産党は体制内改革を目指す「ユーロコミュニズム」の台頭をもたらした。中国共産党はソ連軍のチェコスロバキア侵攻を「社会帝国主義」として非難、これは一九六九年には中ソ紛争に発展し、中ソ対立は激化した。

メキシコ大会での表彰台抗議

一九六八年一〇月にメキシコシティーで行われた夏季オリンピック。陸上競技では米国選手、それも黒人選手の活躍が目立った。しかし、彼らの多くは勝利、入賞しても複雑な感情を抱いていた。この年の四月には人種差別撤廃などを求める公民権運動の有力な指導者の一人、キング牧師が凶弾に倒れ、米国の黒人の間では権利意識が高まっていた。

　こうした中で、世界に衝撃を与えた抗議行動が陸上男子二〇〇メートル決勝の表彰式で繰り広げられた。メキシコシティーのオリンピック・スタジアムで星条旗がするすると上がり、米国国歌が吹奏された。一位と三位に入った二人の米黒人選手——一九秒八三の世界新記録を出したトミー・スミスと銅メダリストのジョン・カーロスが、国旗を仰ぎ見ず、目を下に向け、黒い手袋をしたこぶしを突き上げた。彼らは黒いスカーフを首に巻き、靴ではなく、黒いソックスを履いていた。

　抗議のジェスチャーの意味について、スミスは次のように説明した。右手の黒い手袋は米国の黒人の力を、黒いスカーフは黒人の誇りを、黒いソックスは黒人の置かれている貧困状態を表わしたものだという。カーロスが付けていた左手の手袋は米国の黒人の団結を表わしていた。スミスは、「黒人でさえも人間だ」と訴え、「米国の白人は我々が勝つと、米国が勝ったと言い、悪いことがあると黒人がやったと言う。我々の抗議は米国社会における白人と黒人の平等を要求する権利と黒人団結のシンボルだ」と。

　米黒人二選手の抗議行動に銀メダリストのピーター・ノーマン（オーストラリア）も同調し、「人間の権利のためのオリンピック・プロジェクト（ＯＰＨＲ、後述）」のバッジを付けていた。

　オリンピック史上初めてとなった表彰台上での抗議行動を受けて、米国オリンピック委員会（AOC）は遺憾の意を表明し、二人に対して選手村から退去すること、及び米国オリンピック・チームから除名することを決めた。二人は「我々を選手村から追放することこそ差別の証だ」と叫びながら、選手村を後にした。AOCの措置が厳しすぎるとの意見も白人選手の間から出た。

スミスとカーロスの行動は他の競技者に少なからず影響を与えた。例えば、陸上四〇〇メートルで一、二、三位を独占した黒人選手三人は黒いベレー帽をかぶって表彰台に上り、走り幅跳びで世界新記録を出して優勝したビーモンは、スミスとカーロスに対する一方的な処分に抗議して、表彰式でトレーニングパンツをたくし上げ、黒の靴下を見せ、こぶしを突き出した。

ここで時計を巻き戻してみよう。表彰台でのスミスとカーロスの抗議行動には伏線があった。メキシコ大会の開幕前から米国内ではメキシコ大会ボイコット運動が始まっていた。中心人物はカリフォルニア州のサンノゼ州立大学で体育社会学を教える黒人教授のハリー・エドワーズ氏だった。同氏は黒人によるオリンピック・ボイコットを呼びかけ、陸上競技では有力選手の大半が黒人であるという事情もあり、大きな反響を呼んでいた。エドワーズのオリンピック・ボイコット運動は高まりを見せ、キング牧師も生前、支持を表明した。一九六七年一〇月には黒人スポーツ選手差別撤廃のための組織、OPHRが立ち上げられた。しかし、オリンピック・ボイコット運動は内部から崩壊していった。それは黒人競技者の中からボイコットへの疑念を表明し、オリンピック出場を希望する者が現れてきたからだ。日々、練習を積み重ね、オリンピックで勝利することにより自己の未来を切り開こうとする者たちだ。スミスも同大でエドワーズ教授から教えを受け、黒人は白人と平等な権利を与えられるべきだとの考えを抱くようになった。スミスはメキシコ大会には参加し、表彰式で抗議行動を行った。

メキシコ大会でのスミスやカーロスらによる抗議行動は短期的にはオリンピック・チームからの追放など悲劇的な結果に終わったが、OPHRのオリンピック・ボイコット運動は中長期的には黒人差別撤廃へ向けた大きな起爆剤となった。すなわち、米政府は人種差別撤廃に向けてより積極的な姿勢をとるようになり、職業差別、教育差別をはじめ社会的、経済的差別の撤廃を目指すようになったという点だ。また、国際社会においても人種差別に反対する世論を喚起した。

一九七六年モントリオール大会と南アフリカのアパルトヘイト

IOCは従来、「スポーツの政治からの独立」を主張してきたが、一九七六年カナダのモントリオールで行われたオリンピック夏季大会では、逆にスポーツが政治目的を達成するための手段として使われた。すなわち、南アフリカのアパルトヘイト（人種隔離政策）に反対する他のアフリカ諸国が大挙してモントリオール大会をボイコットしたのである。直接のきっかけとなったのは、ニュージーランドのラグビー・チーム「オールブラックス」の南ア遠征である。ちなみにラグビーはオリンピックの競技種目ではなく、同チームはIOCとは直接の関わりはない。

南アフリカは人種隔離の形を取った人種差別によって、少数派白人支配の恒久化を目指した。その背景には複雑な人種構成がある。現在の南アに最初に植民地を建設したのはオランダであり、その後、英国も進出、二度の戦争（両次ボーア戦争）を経て、英国が主導権を確立した。南アの人種構成は白人（三五〇〇万人）と非白人（一四二〇万人）に大別され、前者はさらにオランダ系（ボーア人）入植者の子孫であるアフリカーナ（二〇〇万人）と英国系（一五〇〇万人）に分けられる。非白人は黒人（バンツー、一二〇〇万人）、混血（カラード、一七〇万人）、アジア系（主としてインド人、五〇万人）に分けられる。アフリカーナは一七世紀にケープ植民地を建設した人々の子孫であり、数世紀にわたる戦いの末に植民地を維持、発展させてきた歴史を持つ。彼らの間では国粋的感情が強いとされ、黒人を劣等人種と見なすとともに、黒人の旺盛な増殖能力に警戒心を抱いているとされる。オランダ系のアフリカーナは後から入植した英国人によって二度の戦争（前述）を経て、内陸に追いやられ、鉱工業、商業でも劣位に立った。こうした中で、アフリカーナは政治運動による逆転を目指し、政策手段としてアパルトヘイトを採用したのである。

一九四八年に政権に就いたアフリカーナ政党の国民党は、①背徳禁止法（白人と黒人の結婚を禁止）、②通行証法（非白人に対してのみ通行証の携帯を義務づけ）、③国民登録法（人種別に国民を登録させた）、④有権者分離代表法（非白人の参政権を奪った）、⑤治安維持法（非常時における政府への大幅な権限付与）、など一連の差別的立法を制定、実施した。この結果、主として黒人に対する差別の制度化が進んだ。これに対して内外でアパルトヘイトへの抵抗運動、批判が起きた。黒人の反政府運動が表面化し、一九六〇年にはシャープビル虐殺事件、一九七六年にはソウェト（ヨハネスブルクの郊外にある黒人居住区）蜂起事件が発生した。一九六一年には共和制に移行し、英連邦から自主的に離脱した。

こうした中で、アフリカ大陸では一九六〇年代に入って欧米列強の植民地支配のくびきから脱し、独立する動きが広がっていった。

新たに独立を成し遂げたアフリカ諸国が最初に目の敵としたのが南アのアパルトヘイトだった。

南アではもちろんスポーツ分野でもアパルトヘイト政策が実施されるようになった。

南アのアパルトヘイトは「人種、宗教、または政治上の理由で差別してはならない」と規定するオリンピック憲章に違反している。IOCが南アのアパルトヘイトを最初に取り上げたのは一九五九年にローマで開いた会議においてであり、「南アのNOC（国内オリンピック委員会）は差別をなくすために何もしていない」と非難した。その後、IOCの南アに対する態度は硬化し、一九六三年のバーデンバーデン総会では南アNOCに対して、スポーツ及び競技の世界においてあらゆる人種差別に対して実際の行動によって反対するよう要請した。しかし、南アNOCはそれに応じなかった。ついに一九六三年、東京オリンピック大会を翌年に控えて、IOCは南アを同大会から締め出すことを決めた。

この決定は南アの激しい反発を招いたが、IOCはスポーツの世界だけでなく、人種隔離の固定化は容認しないという強いメッセージを世界に発したのである。南ア批判のキャンペーンがスポーツ界から始まる形となった。

一九六八年のメキシコ大会では、南アが参加するならボイコットするとアフリカ二二カ国がIOCに通告。ソ連・東欧諸国も同調する気配を見せたので、IOCは緊急理事会を開き、南アの参加を取り消さざるを得なかった。南アは一九七〇年、IOCから除名された。

一九七二年のミュンヘン大会ではローデシアの参加が問題となった。ローデシアは南アと同様に人種隔離政策を行っており、これに反発するアフリカ諸国はローデシアが同大会に参加すれば、大会をボイコットするとIOCに通告。IOCはローデシアを排除せざるを得なかった。ローデシアはその後、人種隔離政策を放棄、黒人の多数支配を確立し、国名もジンバブエと改めて再出発したので、オリンピックや他の国際スポーツ大会への復帰を認められた。

そうした中で南アに対する他のアフリカ諸国をはじめとする国際社会の目はますます厳しくなり、オリンピック以外の場で南アとスポーツ交流を行う国に対しても批判が浴びせられるようになった。

そして絶好の攻撃材料を提供したのが、ニュージーランドのラグビー・チーム「オールブラックス」の南ア遠征だ。問題をさらに悪化させたのは、多数の死者が出た南アのソウェト蜂起事件の発生直後だったということもある。南アは経済力、軍事力を誇っていたのに対し、黒人解放団体は組織上の問題を抱えていた中で、南アの人種差別問題を国際舞台で明るみに出す材料を探していた節がある。

アフリカ諸国は一九七六年のモントリオール大会を控えて、ニュージーランドが参加するのであれば、大会をボイコットすると言い出したのである。ニュージーランドにしてみれば、オールブラックスの遠征とオリンピックを関連づけるのはおかしいということになる。ニュージーランドのＮＯＣは「アフリカ諸国のボイコットを無視する。政治的圧力には屈しない。ＩＯＣのルールには我々を参加させないよう強制するものは何もないはずだ。

ニュージーランドの代表選手の誰一人として、南アと交流した者はいないはずだ」と反論した。しかし、国際政治は必ずしも筋道の通った論理に基づいて動くものではない。アフリカの地域機構であるアフリカ統一機構（OAU〈当時〉、アフリカ連合＝AUの前身）が乗り出し、外相会議でIOCに対して、南アとスポーツ交流をしているニュージーランドのモントリオール大会の出場禁止を訴え、「もし、ニュージーランドが大会に参加するなら、OAU諸国は大会不参加を含む何らかの行動に出ることを考慮する」と警告。結局、アフリカ諸国二二カ国がモントリオール・オリンピックをボイコットした。ボイコット国の選手の中には既にモントリオール入りしていた者もいた。

しかし、アフリカ諸国のボイコットはオリンピック憲章に反する行動であった。なぜなら、ニュージーランドのラグビー・チームの行動は完全にIOCとニュージーランドNOCの管轄外にあったからである。

IOCはアフリカ諸国のボイコット行動に対して、IOCからの除名、一時的な資格停止、またはスポーツ振興援助計画の中止などの制裁措置を何ら講じなかった。IOCは従来主張してきた「スポーツの政治からの独立」に反して、スポーツへの政治の介入を追認した形となった。モントリオール大会での混乱を避けることが目的であったかもしれないが、政治状況に追随し、事後対応をおろそかにしたことで、IOCの歴史の汚点の一つとなった。

ボイコットに参加したアフリカ諸国は、IOCが何ら制裁を科さなかったことで存在感を高めるとともに、南アのチームとの対戦が好ましくないとの国際世論を定着させた。

ニュージーランドも一員である英連邦諸国はその後、スポーツ・チームが南アに遠征することは妥当ではないとする「グレンイーグルズ協定」に署名した。英連邦首脳会議は「南アの人種差別政策に抗議し、同国とのスポーツ交流を行わないために全力を尽くす」との声明を出した。

日本でも一九七八年、人種差別政策をとる南アの国籍を持つ自動車レーサー（フォーミュラワン＝F1に出場予定）の日本入国に反対する抗議行動がみられた。

アフリカ二二カ国によるモントリオール大会のボイコットは、技術も資源も必ずしも豊かではないアフリカ諸国が、実害を被らないで人種差別に反対する姿勢を世界に訴える最大の武器であることを示した。

南アでは一九九一年六月になってデクラーク政権がアパルトヘイト根幹法を廃止。これを受けて翌月、IOCは南ア・オリンピック委員会（NOCSA）の加盟を認め、南アのIOC復帰が実現した。

中東紛争が飛び火したミュンヘンの悲劇

一九七二年八月下旬、西ドイツ(当時)南部の都市ミュンヘンで始まった第二〇回夏季オリンピック大会は好天に恵まれ、スムーズに進んでいた。堅苦しさが否めない国民性が目立つドイツで、開放的で享楽的な雰囲気さえ醸し出す、ドイツ南部のバイエルン州の州都であるミュンヘンで、四年に一度のスポーツの祭典は盛り上がっていた。しかし、一一日目の九月五日未明、武装したパレスチナ・ゲリラの集団が男子選手村のイスラエル選手団宿舎を襲撃、抵抗したコーチと選手を各一人ずつ殺害、九人の選手・コーチを人質に取って立てこもった。これにより、ミュンヘン・オリンピックのそれまでのお祭り気分は一掃され、重苦しい気分が漂った。その後の救出作戦の失敗により、前述の二名を含むイスラエル選手・コーチ一一人、パレスチナ・ゲリラ五人、警官五人、ヘリコプター操縦士一人の計二二人が死亡。オリンピック史上最悪の悲劇となった。

この背景には長年続いてきた、イスラエルとアラブの対立があった。

それまで三度の戦争

イスラエル・パレスチナ紛争はよく「百年紛争」と呼ばれるが、正確には紛争の原因は紀元前までさかのぼらなければならない。すなわち、古代イスラエル王国の興亡の歴史があるからだ。

紀元前約二〇〇〇年にイスラエル人がメソポタミアからカナンの地（パレスチナ、現在のイスラエル）に定着した。旧約聖書の記述もあり、「約束の地」という考えがユダヤ人の間に根づいた。前一一世紀にはカナンの地の先住民、ペリシテ人に勝利し、イスラエル王国を建設。王国は北のイスラエル王国と南のユダ王国（ユダヤ王国）に分裂した。その後、前七二二年にはイスラエル王国はアッシリアに、ユダ王国は前五八六年に新バビロニアに滅ぼされた。ところが前五三八年にペルシャが新バビロニアを征服、ユダヤ人は解放され、帰国し、ユダヤ教が成立した。しかし、前一世紀にはローマの統治下に組み込まれ、二世紀前半にはユダヤ人の国外離脱（ディアスポラ）が本格化、以後、ユダヤ人は欧州各地に流浪し、迫害されてきた。

ディアスポラのユダヤ人は異邦世界に同化できず、差別・迫害・追放・屈辱の苦難の歴史の中から、近・現代に入って、シオニズムというユダヤ人国家の建設を目指す政治運動を繰り広げてきた。念頭にあったのがパレスチナの地である。彼らは聖書の時代に預言者アブラハムが神から与えられた「約束の地」に紀元前三〇〇〇～同二〇〇〇年に建国したという父祖の地に対する「歴史的権利」を主張した。

一方、ほぼ同時にパレスチナの地を巡って、アラブ・パレスチナ民族主義というもう一つのナショナリズムが興隆した。アラブ民族が幾世紀にもわたって住んでいた領土（パレスチナ）が脅かされれば、地元の住民（パレスチナ人）はアラブ民族主義の下に連帯し、いかなる犠牲を払ってでもこれに抵抗し、自らの運命を決定できる民族自決の道に向かうというものだ。

同一の地を巡る、それぞれ異なる宗教を持つ二つの民族の争いが燃え盛るのは必至の情勢だった。

そして火に油を注いだのが、中東での勢力を誇る大英帝国の「二枚舌外交」だった。第一次世界大戦が起こると、英国は戦争を有利に運ぶため、アラブ人には独立国家を約束し（フサイン・マクマホン協定）、ユダヤ人には「ナショナル・ホーム」を認めた（バルフォア宣言）。それぞれ矛盾する内容だったため、アラブ人とユダヤ人の対立を深めるきっかけとなった。この英国の「二枚舌外交」は、現在のイスラエル・アラブ紛争の直接の原因となったと言ってもいいだろう。第一次世界大戦後の一九二〇年にパレスチナは英国の委任統治領となり、ユダヤ移民が急増した。二〇〇〇年の間、この地に住んでいたパレスチナ人は民族の危機を悟り、英国の政策に反対し、ユダヤ人との対立が深まった。

中東戦争

シオニズム運動は、一九二〇年、二一年、二九年、三三年、三六年に続発したアラブ住民による幾多の抵抗運動・住民蜂起（アラブの反乱）を英国の武力を借りながら鎮圧し、米国のユダヤ人社会からの巨額の献金を受けてユダヤ人国家の基盤を構築することに成功した。

そして第二次世界大戦で約六〇〇万人のユダヤ人がナチス・ドイツの手によって虐殺されユダヤ人問題」の解決が焦眉の国際問題となると、米国のトルーマン政権は委任統治国の英国に「パレスチナ問題」を国連の場に移すよう要請、イスラエル建国に道を開いた一九四七年一一月の国連総会一八一号決議の採択を後押しした。この決議はパレスチナの五六％の地域に「ユダヤ国家」を、四三％の地域に「アラブ国家」を建設し、エルサレムを「国際管理地域」にするというものだった。しかしユダヤ側は一九四七年の時点でパレスチナの人口の三一％、土地所有はわずか七％に過ぎなかったため、パレスチナ側が猛反発してこれを受け入れなかった。

一九四八年五月一四日、ベングリオン首相が「イスラエル建国」を宣言すると、その翌日、イスラエル建国を認めないアラブ連合軍（エジプト、シリア、レバノン、ヨルダン、イラク）がイスラエルを攻撃、第一次中東戦争が勃発し、八カ月続いたが、イスラエルの圧勝となり、パレスチナ全体の七七％にさらに領土を拡大した。

一九五六年のエジプトのスエズ運河国有化宣言に端を発した第二次中東戦争（「スエズ動乱」）では英仏両国は自らの権益喪失を恐れてイスラエルと組み、スエズ運河を武力攻撃し、占領したが、米国の支援が得られず、世界の批判を浴びる中で撤兵し、エジプト（アラブ側）の勝利に終わった。

一九六七年五月にエジプトがアカバ湾のティラン海峡の封鎖を宣言すると、イスラエルは翌月、エジプトを空爆し、第三次中東戦争が起きた。この戦争は六日間で終わり、イスラエルは圧勝。エジプトからシナイ半島とガザ地区、ヨルダンから東エルサレムとヨルダン川西岸、シリアからゴラン高原を占領した。

「黒い九月」

第三次中東戦争の後、アラブ・ゲリラが誕生した。彼らは自力更生をうたう毛沢東思想に信奉し、テロに走った。「黒い九月」はその中で最も過激な集団であった。この名称は一九七〇年九月にちなんでいる。彼らの唯一の目標はパレスチナ奪回であり、そのためには手段を選ばないとされた。

黒い九月はミュンヘン・オリンピック襲撃（彼らは「ビラム・イクリト作戦」と名づけた）に先立って様々なテロ事件を引き起こした。主なテロ事件を列挙すると、①一九七一年一一月、カイロでヨルダンのワスフィ・タル首相をゲリラ弾圧の責任者として暗殺、②イスラエルに電子兵器を輸出しているハンブルクの会社を爆破、③同年九月、ルフトハンザ機を乗っ取り、五〇〇万ドルを奪取、④同年五月、テルアビブに到着したベルギー・サベナ航空機を乗っ取り、逮捕者約一〇〇名の釈放を要求、⑤同年八月、イタリアのトリエステで石油貯蔵所を爆破、などがある。

この時期、テロは各地で起こっていた。黒い九月とは別組織のパレスチナ解放人民戦線（PFLP）から依頼された、岡本幸三ら日本赤軍三名はテルアビブ・ロッド国際空港で無差別乱射事件を起こした。さらに、ドイツ赤軍（RAF）はカールスルーエなど五カ所で連続テロ事件を起こした。一九七〇年代初頭は欧州・中東では明らかに「テロの季節」に入っていた。こうした中で、イスラエルのオリンピック委員会はミュンヘン・オリンピックを前に特別警戒措置を取るよう求めたが、西ドイツ政府は難色を示していた。その背景には、一九三六年のナチス時代のベルリン・オリンピックとは異なり、開かれた世界を示そうという意図があった。バイエルン州とミュンヘン市は警備を普通の増員体制でいくことにした。しかし、それは裏目に出た。

オリンピック選手村占拠事件に戻ると、パレスチナ・ゲリラは、①イスラエルに拘留中の政治犯二三〇人の釈放、②人質とゲリラを指定するアラブの国に航空機で輸送すること、を要求した。回答がない場合には一時間に人質を二人ずつ殺害していくと警告した。

西ドイツはゲンシャー内相が陣頭に立って、ゲリラとの交渉に当たった。西ドイツのブラント首相は、イスラエルのメイヤー首相に電話して、ゲリラ側の要求する政治犯の釈放を求めたが、拒否された。ブラント首相は次にエジプトのサダト大統領に電話をかけ、ゲリラと人質を直接カイロに移送するので、カイロでゲリラだけ降ろし、人質はそのまま西ドイツに送り返してほしいと要請したが、これも拒否された。西ドイツ政府は国内での問題解決しかないと腹をくくった。ゲリラの射殺という強硬手段である。ゲリラ側の求める最終回答期限は正午だったが、西ドイツ政府は時間稼ぎのために、これを午後三時、その後、午後五時、そして午後一〇時まで引き延ばすことをゲリラ側に認めさせた。

西ドイツ政府はゲリラと人質をヘリコプターでオリンピック村から郊外の空軍飛行場まで輸送し、ヘリから飛行機に乗り移る間に、警官隊とドイツ国防軍がゲリラを射殺し、人質を奪還しようという計画を立案。日が暮れて、ゲリラと人質はヘリで空軍基地に運ばれた。狙撃手が犯人たちに最初に発砲したのが午後一〇時五〇分。当初、ゲリラを二人しか射殺することができず、残りの三人が人質九人を手榴弾や機関銃で殺害、犯人たちは結局、四人が射殺され、一人が確保された。銃撃戦は約二時間続いた。事件は人質全員が殺されるという最悪の事態となった。西ドイツ側の空港での狙撃計画の準備はずさんだったとの批判が後から聞かれた。現場に急行したイスラエル諜報機関モサドの長官によると、ルフトハンザ機が待機する空軍基地の照明は暗く、狙撃手のライフルはスコープなしの一般ライフル銃で、乗務員の恰好で機内に待機するはずだった一般警察官たちは準備不足と役割への不安から逃げ出していたという。

奇妙なことに警官隊・国防軍とゲリラ集団のにらみ合いが続いていた五日の午前と午後の数時間、オリンピック競技は開催されていた。ブランデージIOC会長はオリンピックを計画通り実行する意向を固め、テロ事件とオリンピックが同時進行していたのだ。午前九時からハンドボールの日本対ドイツ戦、同一〇時から乗馬とカヌーがスタート。しかし、午後三時開始予定のバスケットボールの試合にエジプトの選手が現れなかった。IOCは午後四時、理事会で競技を中断（大会を二四時間延期）、ブランデージはその旨を発表した。

IOCは翌九月六日午前一〇時からオリンピック・スタジアムでオリンピック精神はテロよりも強いことを明確にするために追悼式を開き、数々の人種差別発言で既に辞任を求められていたブランデージは怒号渦巻く中でゲームの続行を宣言し、「テロリストにオリンピックをつぶすことを許してはならない。我々の義務はこの理想を今までよりも強く、厳しく守っていくことだ」と強調した。そして、競技は一日延期された後、再開された。

再開された競技はメイン・スタジアムで半旗が掲げられる中行われた陸上競技をはじめとして観客席は超満員となり、拍手と歓声が事件を忘れたかのように響きわたり、オリンピックの不死鳥のようなたくましさと何もかも飲み込む魔性のような不気味さを感じさせた。

西ドイツ政府の関係者は落ち度を認めず、強硬策の妥当性を強調したが、ミュンヘンの新聞は批判的な論調だった。殺されたイスラエル人選手の遺族から起こされた訴訟にバイエルン州政府が応じることを決めたのは事件から二八年後の二〇〇〇年のことだった。

現地の人々を襲ったテロの恐怖

ただ、西ドイツ政府はテロ事件の教訓から惨劇直後の一九七二年九月二六日にテロへの対処を主要任務とする特殊部隊の創設を決めた。同部隊は六年後に発生したルフトハンザ機のハイジャック事件で人質の救出に成功した。

イスラエル政府は、アラブ諸国がゲリラに資金と武器及び道義的支援を与え、隠れ家を提供しているとし、アラブ諸国に責任があるとの主張を崩さなかった。ゲリラに対する怒りはアラブ諸国に対する直接的な報復措置として表われ、イスラエル国防軍は九月八日、シリアとレバノンに対する空爆を実施、約一〇〇人の死傷者を出すに至った。

一方、アラブ諸国のマスコミの反応は、ビラム・イクリト作戦を否定する立場を敢えてとらなかったものから、西ドイツ政府の対応を批判するものまで様々だった。ビラム・イクリト作戦は純粋なオリンピック精神とはあまりにもかけ離れたものであった。と同時に、この作戦は現実の複雑で厳しい国際情勢を見せつけたのである。

筆者は当時、大学四年生で旅行会社の海外旅行臨時添乗員として三〇名近くの日本人観光客を引率し、ミュンヘン・オリンピック観戦のため、現地入りしていた。人質事件が発生した五日にはオリンピックの華やかなムードが一転してあたかも「凍りついた」かのように感じられたのを今でも鮮明に覚えている。観光客の安全をいかにして確保し、日本に連れて帰るか。現地滞在中の通訳の日本人と話し合った。それでも観戦日程を何とか消化してミュンヘンからロンドン行きの英国欧州航空（BEA、当時）に乗り込んだときにはさすがにほっとした。機内後部の通路側座席には米国の水泳選手マーク・スピッツが座っていた。同選手は出場した全種目において世界記録で勝利し、七個の金メダルを獲得していた。彼に「コングラチュレーションズ（おめでとう）」と声をかけたが、上の空で何かにおびえているようだった。同選手がユダヤ系であることも関係しているのではないかと推察した。

ミュンヘン・オリンピックの翌年一九七三年一〇月にはエジプトやシリアがイスラエル

を奇襲攻撃し、第四次中東戦争が発生した。この結果、アラブ諸国が勝利するとともに、「石油戦略」が発動され、第一次石油ショックが起きた。

第八章 冷戦下のボイコット合戦

冷戦下の第22回モスクワ大会にアメリカは参加しなかった

一九七六年のモントリオール・オリンピックでは南アフリカの人種差別問題に関連してアフリカの二二カ国が抗議のボイコット（不参加）を行ったが、一九八〇年、一九八四年の夏季大会でも米ソ冷戦下で大規模なボイコットが行われた。一九八〇年のモスクワ大会に対するボイコットはソ連のアフガニスタン軍事侵攻に対する非難、制裁の意味合いを持ち、西側諸国を中心とする六七カ国が行った、オリンピック史上最大規模のボイコットだった。ボイコット国の数はオリンピック競技への参加国八〇カ国に迫るものであり、オリンピックはソ連・東欧諸国の共産圏による東側諸国による「大運動会」に堕したとの揶揄《やゆ》も聞かれた。そして因果は巡り、一九八四年にロサンゼルスで開かれた第二三回夏季オリンピック大会を今度はソ連など東側諸国及び同調する国、合計一四カ国がボイコットし、またもや〝片翼飛行〟のオリンピックとなった。

米ソのボイコット合戦の場となった、モスクワ、ロサンゼルスの両大会でも、オリンピック憲章に反して政治がスポーツにあからさまに介入した形となった。オリンピックの開催主体は厳密にはＩＯＣが決定した都市であるが、モスクワ、ロサンゼルス両大会で見られたように開催国の政府の思惑に翻弄されることが目立つようになった。

アフガニスタンの政治状況

アフガニスタンはアジア大陸のほぼ中央に位置し、日本の約一・七倍の面積の国土に三〇〇〇万人以上の国民を有している。四方を陸に囲まれ、北はソ連（一九九一年まで）、西はイラン、北東端の国境線の一部（約八〇キロ）は中国、東南部はパキスタンと国境を接している地政学的に重要な国である。アフガニスタンと言えば、二〇〇一年九月一一日の同時多発テロの後、同国のイスラム過激派タリバン政権が背後で同時多発テロの実行犯たちを援助したと米国が疑い、同年一〇月から一二月にかけて猛攻撃を加え、タリバン政権が崩壊したことを思い浮かべる人が多いだろう。

そのアフガニスタンの歴史を一九世紀までたどると、同国は英国と第一次（一八三八―四二年）、第二次（一八七八―八〇年）戦争を経て、英保護領となったものの、一九一九年の第三次戦争後、外交権を回復し、独立した。その後、一九七三年七月、王族のモハメド・ダウド元首相がザヒル・シャー国王を追放し、共和制に移行し、自ら大統領に就任した。

その後、一九七八年四月二七日、共産党系親ソ派のモハメド・タラキがクーデターを起こし、ダウド大統領とその一族を殺害。タラキは革命評議会を成立させ、その議長となった。同年四月三〇日、タラキは新マルキスト政権の国家元首に就任した。

その翌年の一九七九年九月一四日、アミン首相がクーデターを起こす。ソ連の信任を得ていたタラキ革命評議会議長が銃撃戦の末、殺害され、アミンが大統領に就任した。ソ連は一応、アミン新政権を承認したが、同政権はイスラム教を政策の基本に据え、イスラム共和国を目指すようになった。その結果、反ソ政策が目立ち始める。ソ連はアフガニスタンに派兵し、アミン政権を打倒することを決めた。

三カ月後に情勢は急転した。ソ連は一二月二〇日、首都カブールへの戦闘部隊と弾薬の空輸を開始した。同時に国境付近にソ連兵を集結させた。一二月二五日にアミンは処刑された。

そして運命の日がやって来た。一二月二七日未明、ソ連は首都カブールの空港に大型ヘリ六機を強制着陸させるとともに、陸路からも軍事介入に踏み切った。これは第二次世界大戦中のドイツへの反撃以来のソ連軍による物量にものをいわせた「前面縦断突破」であった。通常兵力では当時米国を上回るとされたソ連は、あっという間に弱小国アフガニスタンを蹂躙した。

介入当日、ソ連は亡命してソ連に保護されていた、タラキ時代の第一副首相だったカルマルがソ連軍の兵員輸送機でカブールに戻り、直ちに大統領に就任した。ソ連はアフガニスタンへの軍事介入を正当化する根拠として、一九七八年に締結した友好協力条約の存在とアフガニスタン政府からの要請を挙げた。しかし、より根本的な理由はアフガニスタンの不安定な政治状況であったと考えられる。アミン政権は反政府ゲリラによって脅かされており、同国の政治的不安定がソ連国内に波及することを恐れていたのだろう。

一方、ソ連にとってアフガニスタン軍事介入はより打算的な意味合いもあったようだ。すなわち、中東の石油産出国を見据えた石油戦略である。アフガニスタンはソ連に中東産油国を包囲する足掛かりを提供する位置にある。ソ連はロシア革命以前のロマノフ王朝の時代から、南下政策をとってきた。当時は石油ではなく、冬場に凍結しない不凍港を海軍のために確保する狙いがあった。一九七九年は前年に「第二次石油ショック」が起きたばかりであり、「石油戦略」を意識する傾向が強かった。ソ連は産油国であるが、当時、石油産出量は低下し、輸入に依存せざるを得ない状況も覚悟していたという。米国のカーター大統領は「ソ連が占領しているアフガニスタンはイランとパキスタンにとって脅威であり、世界の広大な石油供給地域を支配する飛び石になる恐れがある」と懸念を表明していた。

さらにソ連はイスラム世界の影響力拡大を阻止する必要があった。アフガニスタンはイスラム教国家であり、同じイスラム国家であるパキスタンとイスラム同盟でも締結すれば、ソ連南部のウズベキスタン、タジキスタン、トルクメニスタンなどのイスラム教徒が多い地域の政情不安定化につながりかねないと危惧していた。

また、ソ連の軍事介入の背景には、前年のイラン政変、パキスタンの経済的弱体化と外交的孤立、テヘランの米大使館占拠事件が続いていることなどによる米国のイスラム世界における影響力の低下もあったとみられる。

そして一九七〇年代後半に入っての米ソ間のデタント（緊張緩和）の後退もあった。

ソ連は一九一七年のロシア革命以降の輝かしい成果を世界に誇示する手段の一つとしてオリンピックの開催を推進するようになった。まだデタント・ムードが広がっていた一九七四年の六月から七月にかけて訪ソしたニクソン米大統領はブレジネフ書記長との会談で、モスクワ・オリンピックの開催について「了解」に達したとされる。同年一〇月、IOCは一九八〇年の第二二回大会の開催地を決定することになっていた。当時、立候補していたのはモスクワとロサンゼルスで、ニクソンはロサンゼルス市に対して一九八〇年はモスクワに譲り、一九八四年まで待つよう説得したという。

米国の非難

ソ連は一九五六年のハンガリー動乱、一九六八年のプラハの春と戦後二度にわたって、外国への大規模な軍事介入を行ったが、ハンガリー、チェコスロバキア（当時）の両国ともソ連の衛星国であり、影響圏内にあった。しかし、アフガニスタンはそうではなかった。米政府が厳しい反応を示したのはそういう背景があった。

米政府はアフガニスタンのクーデターに先立つソ連軍の動向を把握していた。前日の一二月二六日、ソ連軍が二日前から約一五〇機編成の空輸部隊をカブールに急派するとともに、約六五〇〇人の空輸部隊と約三五〇〇人の軍事顧問団をアフガニスタンに駐留させていると指摘、「主権国家に対するあからさまな軍事介入である」と警告していた。二七日のクーデターを経て、カーター大統領は二九日、ソ連に対しアフガニスタンからの撤退を強く要求した。

年が明けて一九八〇年一月二日、米政府は国家安全保障会議を開き、ワトソン駐ソ大使を本国に召還するとともに、モスクワ・オリンピックをボイコットすることの検討を開始した。

西側の軍事同盟である北大西洋条約機構（NATO）は一月一日、緊急理事会を開き、モスクワ・オリンピックのボイコットやアフガニスタンと国境を接するパキスタンへの軍事援助などの対ソ報復を検討した。会議終了後、ルンスNATO事務総長は「今回の事件は、ソ連がソ連ブロック圏外で直接、大規模に軍事力を行使した初めてのケースであり、この危機によって西側同盟国間の連帯と共同行動が強く求められている」との共同声明を発表した。

カーター米大統領は一月四日、ホワイトハウスから全米向けのテレビ演説を行い、包括的な対ソ報復策を発表した。その中には経済・軍事面での報復措置として、①対ソ穀物輸出の大幅削減、②石油開発関連機械など高度技術品目やその他の戦略物資の輸出を当面停止すること、③両国の領事館新規開設の延期、④各国の協力を得て、パキスタンへの食糧、武器の援助、⑤米国の漁業専管水域でのソ連の漁業権の制限などが含まれていた。カーター の演説で特に注目されたのは「ソ連の侵略行為継続は今年のモスクワ・オリンピックへの米国の参加を危うくするものである」というくだりであった。

翌五日、ニューヨークで開かれた国連安全保障理事会の緊急会合では西側諸国のみならず第三世界の多くの国が足並みをそろえて対ソ非難の大合唱に加わった。

もちろんソ連も反論し、「米大統領はソ連が外部からの侵略の危機にさらされているアフガニスタンに行った援助を中傷し、さらに侵略を鼓舞するためにパキスタンへの新たな援助を決定した」と主張した。ソ連の言わんとすることは、反体制イスラム教徒ゲリラを鎮圧しようとするアミン政権の要請にこたえたというものである。

ソ連にとっての誤算は第三世界諸国の間でソ連のアフガニスタンでの軍事行動に対する広範な反発が起き、イスラム諸国会議がアフガニスタン侵攻に対する制裁を決議したことと、イランの米国大使館占拠事件への対応に追われていると思われた米政府が予想以上に強い反応を示したことだった。

一月四日の「ボイコットも辞さず」とのカーターの演説を受けて、西側諸国や第三世界諸国の間でボイコットへの同調の動きが広がった。同日、マレーシアがボイコットの可能性を示唆。六日にはイスラム世界の盟主的存在であるサウジアラビアがボイコットを正式に決定し、イスラム諸国に同調を呼びかけた。九日にはインドネシアがボイコットを検討中であることを明らかにした。西ドイツ政府スポークスマンは「NATO諸国がボイコットに合意すれば、同調する」と語り（一三日）、一四日には英政府も「ボイコットも辞さない」と表明。中国も「大勢がボイコットであれば、中国も同調する」方針を明らかにした。

米国の世論はボイコット賛成が大半であった。カーターは一月二〇日、モスクワ・オリンピックのボイコットを正式に表明した。同氏は『回顧録』の中で次のように書いた。

米オリンピック委員会（USOC）は、IOCに対し、ソ連軍が一カ月以内にアフガニスタンから完全に撤退するのでなければ、モスクワ大会は会場を移すか、延期するか、中止すべきであると提案すること、そしてその提案がIOCによって採用されない場合には、USOC及び同じような考えを持つ国々の国内オリンピック委員会は、モスクワ大会には参加すべきではない。

（『カーター回顧録』持田直武ほか訳、日本放送出版協会、一九八二年）

カーターは前年からのテヘラン米大使館人質事件への対応に追われ、事件が長期化し、解決のめどが立たないことから、一九八〇年一一月の大統領選挙で再選されるためにも「強い大統領」のイメージをアピールする必要があった。そして、モスクワ・オリンピックのボイコットはコストがほとんどかからないものの、共産主義世界の盟主であるソ連の威信を大きく傷つけるであろうと判断していたとみられる。

米国内ではカーターの与党、民主党だけでなく、共和党もボイコットを支持した。米連邦議会では下院がボイコット案を可決し、上院もボイコット決議を採択した。

米マスコミの間では、ニューヨーク・タイムズ紙とワシントン・ポスト紙など大新聞が社説でボイコットを支持。三大テレビ・ネットワークも独占放映権を得たNBCを除いてボイコット支持に回った。そのNBCも万が一の場合に備えて加入していた保険のおかげで見込み収入の八五%をカバーすることができたという。

レークプラシッド大会

こうした中で、一九八〇年の年明け、米ニューヨーク州のレークプラシッドで冬季オリンピックが予定されていた。モスクワ・オリンピックのボイコットは、ソ連によるレークプラシッド大会のボイコットを誘発する恐れがあった。しかし、ソ連選手団はレークプラシッドにやって来た。情勢は当時、まだ流動的であり、カーターはモスクワ・オリンピックへの不参加を正式に表明していたが、米国内オリンピック委員会（USOC）がモスクワ・オリンピックのボイコットを決定したのは、表明から二カ月以上たった四月一二日のことだった。

レークプラシッド大会に先立ち開かれたIOC総会では、バンス米国務長官が開会宣言を行うことになっていた。キラニンIOC会長はバンスが激しいソ連批判を展開すれば、ソ連のIOC委員の退席を招き、大混乱が生じると懸念していた。キラニンは事前にバンス演説のコピーを入手しようとしたが、手に入れることができたのは開会式開始の直前だった。内容はソ連のアフガニスタン軍事侵攻に対する批判に終始し、キラニンは式の最初からソ連IOC委員が出席しない方がいいと忠告。係員がソ連委員の座るはずであった椅子を片づけ始めた。目ざといカメラマンがそれに気づいたが、開会式は滞りなく行われた。ただ、バンスはソ連批判に集中するあまり、肝心の開会宣言を忘れてしまった。

高まりつつある米ソ間の緊張を背景に、レークプラシッド大会では両国選手の間でライバル意識がむき出しとなった。特に、冬季オリンピックにおけるチームスポーツの華とも言うべきアイスホッケーの決勝戦は米ソ対決となった。ソ連では、スポーツは「アーミー」と呼ばれるエリート・チームが、幼少期からの厳しい選抜を経て結成されるシステムが採用されていた。選手はコーチへの絶対服従が求められ、国家のプロパガンダのために勝利が義務づけられていた。ソ連チームは直前の三カ月間で四二戦全勝という圧倒的な強さを見せつけていた。対する米国は、オリンピック憲章の規定により、プロのアイスホッケー・チーム（NHL）の参加が認められず、大学生を中心とするいわゆるアマチュア編成で大会に臨んだ。決勝戦は息詰まる熱戦で全米にテレビ中継され、最後の一分間で米チームが決勝ゴールをたたき込み、四対三で勝利し、金メダルを獲得した。

筆者は当時、ニューヨークに駐在していたが、マンハッタンに多くあるスポーツ観戦バーでは歓声が沸き、一方、マンハッタンにあるソ連の国連代表部の建物は灯りも消え、ひっそりしていた。カーターも米チームを「誇りに思っている」とたたえた。

ただ、レークプラシッド大会では米国の金メダルは六個、総メダル数は一二個で、ソ連のそれぞれ一〇個、二二個を下回り、全体としてはソ連の優勢が目立つ大会だった。

代替オリンピック案

オリンピック開催の権利は都市に与えられるものであり、国家や政府に対してではない。米国内オリンピック委員会（USOC）がモスクワ・オリンピック不参加を決定したのは、前述したようにカーターの表明後二カ月以上たった四月一四日のことだった。

一月には、英国が一七日、他都市開催に賛成したが、同日、メキシコNOCは開催地の変更に反対を表明した。さらに一八日にカナダが代替開催に熱意を示すと、一九日にはユーゴスラビアがボイコットに反対を表明。

こうした百家争鳴的な状況の中で、IOCは二月一二日に総会でモスクワ・オリンピックの開催を確認した。キラニン会長はボイコットを避けるべく尽力した。五月一七日にはブレジネフ・ソ連最高幹部会議長と、同月一六日にはカーターとそれぞれ会談し、事態の打開を図ろうとした。しかし、五月二四日に締め切られたモスクワ・オリンピックのナショナル・エントリーの申し込み結果は、参加八五、拒否二九、回答なしが二七であった。

日本選手の無念

日本はどうであったのだろうか。

日米安全保障条約体制の下で、国土防衛を米国に依存している日本にとって、米国のモスクワ・オリンピックのボイコット方針には追随する以外の選択肢はなかった。同様の対米追随政策はその後も繰り返された。例えば二〇〇三年三月から四月にかけての米英軍のイラク侵攻のときも国連決議に基づいていなかったにもかかわらず、米国を支持する以外の選択肢はなかった。西欧・オセアニア諸国の大半、すなわち英国、イタリア、フランス、オーストラリア、オランダ、ベルギー、ポルトガル、スペインなどはモスクワ・オリンピックに参加した。英国ではボイコットを支持した政府の後援が得られず、国内オリンピック委員会が独力で選手を派遣した。

日本に話を戻すと、当時の大平正芳首相は一九八〇年一月二五日の国会での施政方針演説で「日米安保体制を基礎とした米国との揺るぎない相互信頼関係が我が国外交の基軸であることは、申すまでもありません」と強調。そのうえでソ連のアフガニスタン侵攻について「政府としては、この重大な事態の解決に資するため、米国との連帯を中軸として、欧州その他の友好諸国との協調の下に、我が国にふさわしい努力を重ねていく考えであります」と述べた。さらに「それがたとえ我が国にとって犠牲を伴うものであっても、それを避けてはならないと考えます」と述べた。大平はこの時点で既に米国と「共存共苦」する意思を固めていたものとみられる。しかし、一月六日から一二日にかけての大平の手帳には「Carter の出方によっては世界の終わりになるかも知れない」とか「USの対ソ措置を減殺しないようにする」などの記述がみられ、米政府から大平政権に対して既にモスクワ・オリンピックをボイコットした場合、同調するよう打診があったことを示すとともに、大平首相が苦悩した様子が見て取れる。

一月二〇日のカーターによる米国のモスクワ・オリンピックのボイコット正式表明を受

けて、日本オリンピック委員会（JOC）は二三日の総会で、参加を前提に事態を静観することを確認した。しかし、日本政府は二月一日、モスクワ・オリンピックへの参加は不適当との見解を表明し、JOCを牽制した。JOCはモスクワ・オリンピック参加への道を模索していた。大来外相は二月二一日、衆議院外務委員会で、JOCがモスクワ大会への参加を決定したとしても政府としては昭和五五年度に計上している政府派遣補助金約六〇〇〇万円は認めないこともあり得ると述べた。財政援助の中止を武器にJOCにボイコットへの同調を迫ったのである。日本政府の派遣費見合わせの意向に対してJOCが抵抗できなかったのは政府の意向が日本体育協会を経てJOCに実質的に反映されているというその組織的な体質にあったとみられる。

そして四月二五日、日本政府は最終方針として不参加を勧告したが、これに対してJOCは翌二六日、総会を開き、原則、参加するとの方針を採択した。多くの選手はJOC本部で大会参加を訴えていた。

そして、最終的に五月二四日、JOCは総会を開き、モスクワ・オリンピックのボイコットの是非を投票に付した。その結果、賛成二九票、反対一三票でボイコットが最終的に決まった。日本政府はJOCに圧力をかけるためか、伊東正義官房長官を総会に出席させていた。各競技団体の代表者にはボイコットに反対した場合、予算を分配しないなどの圧力がかけられていた。

モスクワ・オリンピック大会への参加を目指して、日々練習に励んでいた選手にとってボイコットを巡る動きは心配の種だった。本来、スポーツは国際政治の荒波から独立しているはずだったが、東西冷戦下ではそうした建前が通じる状況ではなかった。

日本を含めてボイコットに同調した各国では、大会参加そして大会での上位入賞が有望とみられていた選手は涙を呑んで決定に従うのみならず、その後の人生を大きく狂わされた者が多かった。

有望視されていた柔道の山下泰裕、レスリングの高田裕司などが涙ながらに参加を訴えていた。山下は外国人選手との闘いでは無敗を誇っていた。四年後、山下は一九八四年のロサンゼルス大会では金メダルを獲得、男泣きに泣いたシーンはテレビに放映された。同じく柔道で、世界選手権四回優勝の実力者、藤猪省太は代表が内定していたものの、出場はかなわず、そのまま引退し、指導者となった。高田は一九七六年のモントリオール大会の金メダリストで、有望視されていたソ連のベログラゾフと雌雄を決するはずだったが実現しなかった。一九八四年のロサンゼルス大会にはソ連はボイコットしたためベログラゾフは出場しなかった。高田はロサンゼルス大会では銅メダルに終わった。マラソンで金メダルが期待されていた瀬古利彦はその後のオリンピック大会でメダルを獲得することはなかった。一一歳だった水泳の長崎宏子は、夏季オリンピックでは初めての小学生代表となるはずだったが幻に終わった。

団体競技では、体操男子団体のローマ・オリンピックから続いていた五連覇は途絶え、金メダル奪回は二〇〇四年のアテネ・オリンピックまで待たなければならなかった。バレーボールも男女とも勢いが途絶え、その後、金メダル獲得には至っていない。

米国では出場を予定していた選手の間では反応が分かれた。メルボルン、ローマ、東京、メキシコと四大会連続で金メダルを獲得した円盤投げのアル・オーターは一度引退したが、カムバックし、モスクワ大会出場を目指していた。しかし、「友好的で防衛力のない隣国に武力行使をした国でオリンピックを開くなんて全く矛盾していると思う。ボイコットはソ連を当惑させる手段だ」と支持を表明。一方、モントリオール大会での十種競技の金メダリスト、ケイトリン（ブルース）・ジェンナーは政治のオリンピックへの介入を非難した。

ボイコットの効果は

ＩＯＣのキラニン会長はボイコットに反対しており、次のように述べた。「オリンピックを政治的駆け引きの道具にしてはならない。第二二回オリンピックはソ連という国家ではなく、モスクワという都市に与えられたものであり、ＩＯＣが権限を委託したモスクワ・オリンピック組織委員会がオリンピック憲章に違反しない限り、IOCはモスクワ・オリンピックを中止させることはできない。モスクワ・オリンピックをボイコットすることは憲章違反である。このことは私を含めてIOC委員がソ連の政治的行動を黙認するという意味ではない。しかし、IOCが政治家にそそのかされて、政治的判断を下すようになったら、オリンピックは終わりである」と。

米政府のそれまでの論理はオリンピックを政治で汚してはならないというものだった。第七章でも書いたように、一九六八年のメキシコ大会に向けて一部の黒人選手がボイコットの動きを見せたときも断固としてボイコットに反対した。米政府は国内の深刻な社会問題である人種差別問題がボイコットによって国際社会に暴露されることを恐れていた節がある。

モスクワ・オリンピックのボイコットは米国のカーター政権にとって、ソ連のアフガニスタン侵攻に対する制裁とカーターの「再選戦略」の一環という二つの側面があった。

前者については一定の成功を収めたと言えよう。ソ連政府にアフガニスタン侵攻は高くつくことを思い知らせ、ブレジネフ政権の威信を失墜させた。さらにスポーツ大国である米国や西ドイツ（当時）の不参加で競技のレベルを低下させ、観光収入も予想を下回る水準にとどめさせるという効果があった。結果的にモスクワ・オリンピックを片翼飛行にしてしまったのである。しかし、肝心のソ連軍のアフガニスタンからの撤退を実現させることはできなかった。

再選戦略は完全な失敗だった。ボイコットは再選を狙うカーターの支持率を一時的に押し上げたものの、一一月の大統領選挙では共和党のレーガン候補に大敗した。選挙当日、筆者は駐在先のニューヨークの自宅で開票状況をテレビで追っていたが、最大州であるカリフォルニア州の投票がまだ続いていた、米東部時間午後八時台に米主要テレビ・ネットワークはレーガン勝利を報道するありさまだった。州別の勝敗を見ると、カーターが勝ったのはジョージア、ハワイ、メリーランド、ミネソタ、ロードアイランド、ウエストバージニア、首都ワシントンのみであり、四四州で敗れた。現職大統領カーターの大敗であった。

盛り上がりを欠いたモスクワ大会

モスクワ・オリンピックは米国をはじめとする西側諸国や第三世界諸国の大量ボイコットにより、前代未聞の「片翼」オリンピックとなった。それでも大会そのものは粛々と進行し、事件もなく平穏に終了した。ただ、盛り上がりを欠いたことは否めない。オリンピック観戦の外国人も少なく、英BBCや米NBC、日本のテレビ朝日など大会の放映権を得ていた西側の主要テレビ局は中継を断念するなど、ソ連は国家PRの絶好の機会を台無しにされた形となった。

モスクワ大会の閉会式では閉会を告げる電光掲示板には一九八四年の次回開催地ロサンゼルスの文字は入っておらず“TILL THE MEETING AT THE GAMES OF XXIII OLYMPIARD”（次回第二三回大会まで）と書かれたのだった。モスクワ大会のマスコットだったミーシャが涙を流すイメージも映し出され、ソ連の無念と怒りが垣間見えた。

モスクワ大会は様々な意味でオリンピックの歴史において転機となった。すなわち、コマーシャリズムと選手のドーピング（後述）に拍車をかける結果となった。大会後にIOC会長を退任したキラニンの後継者、サマランチは大量ボイコットを二度と繰り返さないために政治的独立とその裏づけとなる経済的自立を目指すようになり、そのためにテレビ放映権や大型スポンサー契約に依存するコマーシャリズム（商業主義）に傾斜するようになった。放映権料は次第に高額なものとなり、例えば米国のNBCはIOCに二〇〇八年の北京オリンピックで八億九四〇〇万ドル支払った。

モスクワ・オリンピックでは自国開催のソ連選手は事実上、金メダル獲得が義務づけられ、東欧諸国でも同様の状況となった。その結果、運動能力を増強するために組織的なドーピングが行われ、後に多くの選手が健康被害を訴えるようになった。

今度はソ連がロサンゼルス大会を報復ボイコット

四年後の一九八四年、米国のロサンゼルスで開かれた夏季オリンピック大会にはソ連や東ドイツ、チェコスロバキア、ポーランド、ハンガリー、ブルガリア、キューバ、ベトナム、北朝鮮など社会主義陣営一四カ国が参加しなかった。ソ連は「ボイコット」ではなく「不参加」と表現した。不参加の表向きの理由は、一九八三年の米軍によるグレナダ侵攻に対する抗議の表明であった。ただ、社会主義陣営の中でも、ソ連と距離を置くルーマニアはロサンゼルス大会に参加し、開催国である米国（八三個）に次いで多い二〇個の金メダルを獲得した。モスクワ、ロサンゼルスと続いて、オリンピックは東西冷戦下における感情的報復にとどまらず、米国が事実上主導する資本主義システムとソ連を頂点とする共産主義システムの優劣を競う、スポーツの場を借りた代理戦争の様相を呈した。

ＩＯＣはなすすべがなかった。サマランチ会長は、「世界の政治家たちは勝手にできる武器と方法を持っているが、ＩＯＣはそれらを持たない」と指摘した。そのうえで、「我々の推進するオリンピック・ムーブメントが世界の人たちに認知され我々の憲章が尊重されることの重要性を強調したい」と述べた。

一九八四年の七月二日から八月一二日まで開かれたロサンゼルス大会では一セントの税

金も使われなかった。一九七六年のモントリオール・オリンピックが大赤字となったことへの反省から、運営費用には税金を使わず、①テレビ放映権料、②スポンサー協賛金（スポンサーは一業種一社に絞った）、③入場料収入、④記念グッズの売上金、で賄った。聖火リレーのランナーからも参加費を徴収した。スタジアムも一九三二年のロサンゼルス大会当時のものを使用した。その結果、一九八四年のロサンゼルス大会は、オリンピック史上初めての本格的な「商業オリンピック」とも呼ばれた。また、ロサンゼルス・オリンピックから夏季オリンピックはまさしく夏に開催することが定着した。それまでは春や秋に開かれることもあった。その背景には、米国では春と秋はプロ・スポーツの様々なイベントが目白押しで、莫大な放映権料をIOCに支払う米テレビ・ネットワークが、大リーグ（MLB）の野球のほかにはめぼしいイベントがない夏のオリンピック開催が好ましいとの立場を表明したこともあった。加えて、ロサンゼルス大会では夏に開催すれば、夏季休暇中の大学寮を選手の宿泊に使用できると米オリンピック組織委員会が主張したことも背景にある。

モスクワ、ロサンゼルスとボイコット合戦を繰り広げた東西両陣営がそろってオリンピックに参加するのは一九八八年のソウル大会まで待たねばならなかった。

第九章

分断国家の悲劇

ベルリンを東西に分断していた「ベルリンの壁」

世界には民族紛争など国家にまつわる内在的要因や戦争などの国際情勢の変化による外在的要因によって国家が引き裂かれるという悲劇が繰り返されている。しかし、様々な悲劇的状況を乗り越え、オリンピック大会に参加しようとするアスリートの熱情を抑えることはできない。そうした中でスポーツは政治の介入を嫌い、政治は折あらばスポーツを利用しようと待ち構えている。

本章では分断国家がオリンピックに代表団を送り込む過程で政治に翻弄され、いかに苦労してきたか、ドイツ、中国、南北朝鮮に焦点を合わせて苦難の歴史をたどる。

ドイツは東西の合同代表団を結成したが、その後、一九九〇年に両独は統一された。中国（中華人民共和国）は国際オリンピック委員会（IOC）から一九五八年に脱退した後、復帰するまで二〇年以上かかった。中国が自国の一地域と見なす台湾はIOCから追放されることなく、チャイニーズ・タイペイという名の下でオリンピックに出場し続けている。南北朝鮮は二〇一八年の平昌冬季大会で合同チームを結成することに成功した。

東西ドイツ

東西ドイツが統一チームを結成してオリンピックに初めて参加したのは、一九五六年のコルチナダンペッツオ冬季大会だった。その後、同年メルボルンで開かれた夏季大会、一九六〇年のスクォーバレー冬季大会、ローマ夏季大会、一九六四年のインスブルックでの冬季大会、東京での夏季大会にも統一チームを派遣した。

ここで時計を巻き戻して統一チーム結成に至る過程を見てみよう。それは一九五一年五月、スイスのローザンヌで開かれたIOC理事会にまでさかのぼる。この会合に東ドイツは三名の代表団を、西ドイツは四名の代表団を送った。IOCのブランデージ副会長（後に会長）は、オリンピック憲章によれば、ドイツの名を冠した二つのチームをオリンピックに受け入れることはできないと指摘、両代表団に統一チームの結成を促した。東西両ドイツは冷戦体制下でそれぞれソ連、米国の強い影響下にあったが、その日のうちに一九五二年のヘルシンキ大会への統一チームの派遣で合意、調印まで行われた。しかし、このことが東西ドイツに伝わると快く受け止められず、東ドイツ政府は同国代表団が帰国すると調印した協定を破棄、結果的に両代表団が暴走した形となった。

その後、ソ連は東ドイツの単独参加を要求したが、認められず、結局、東ドイツは統一チームの結成に渋々同意した。ただ、統一チームの結成でいくつか問題があった。例えば、国旗や国歌をどうするかという問題である。国歌はドイツ出身の大作曲家ベートーベンの交響曲第九番合唱付き第四楽章の歓喜の歌を使うことになった（余談だが、ベートーベンの先祖はベルギー出身である。Ludwig van Beethoven の van はフラマン語であり、ドイツ語では

von となるはずである。von は貴族の出身を示す）。

国旗については一九五六年時点で東西とも同じ旗（現在のドイツ国旗と同一）だったため
それを使用したが、一九五九年に東ドイツは国旗を変更したので、一九六〇年以降は黒、
赤、金のドイツ国旗をベースに五輪マークをあしらった特別な旗を使った。

統一チームの結成は一九六四年まで続いた。

ブランデージは「統一ドイツ・チームの結成は紛争の絶えない世界に政治を超越したオリンピック人道主義を十全に示すことができた」と胸を張った。ブランデージは政治的に不可能なことが、オリンピックでは実現したと指摘した。

東西統一ドイツ選手団は合同で選手団を派遣したものの、競技への参加はすべてが合同という訳ではなかった。個人種目については選手を選抜して派遣したが、団体種目では東西の二チームで試合を行い、勝利チームが派遣されたケースが多かった。したがって、実際には東ドイツもしくは西ドイツのどちらかのチームだった。

統一チームの派遣は冬季三大会、夏季三大会で実施されたが、メダル獲得数が最も多かった夏季大会は一九六四年の東京大会で五〇個に達し、そのうち金メダルは一〇個だった。冬季大会では一九六四年のインスブルック大会で九個だった。そのうち金は三個。

両独間の取り決めには「安定政権が一定期間継続している国・地域には、オリンピック

に参加する権利がある」との条項が盛り込まれており、これに基づいて東ドイツは一九七二年のミュンヘン大会、一九七六年のモントリオール大会、西ドイツがボイコットした一九八〇年のモスクワ大会に単独参加した。一九八四年のロサンゼルス大会は逆に東ドイツがボイコットした。一九八八年のソウル・オリンピックでは東ドイツと西ドイツは別々に選手団を派遣。東ドイツの金メダル獲得数はソ連の五五個に次いで二番目に多い三七個で、米国の三六個を上回った。西ドイツは一一個だった。

しかし、翌一九八九年に歴史は転換点を迎えた。一一月九日のベルリンの壁崩壊を経て、東西両ドイツは一九九〇年一〇月には統一された。

冷戦の終結とドイツの再統一

戦後長い間続いた冷戦の終わりの始まりは、ポーランドにおける連帯主導内閣の成立（一九八九年八月二二日）。このおよそ二カ月前、ブッシュ米大統領（同年一月就任）はポーランドやチェコスロバキアなど東欧諸国を訪問し、米国はこれらの国の民主化を支持する姿勢を明確に打ち出していた。

一九八九年夏、東ドイツ市民がオーストリア、ハンガリー、チェコスロバキアなどに大量に逃亡し始めていた。プラハの西ドイツ大使館に逃げ込んだ人は六〇〇〇人に達した。

同年九月には民主化が進んだハンガリーはオーストリアとの国境を開放したため（「ヨーロッパ・ピクニック」と呼ばれた）、ハンガリー、オーストリアを経由して西ドイツに逃げた人は数千人に上った。そうした中で、東ドイツではライプチヒなど大都市で大規模な反政府デモが繰り広げられた。

一一月四、五両日に東ベルリンで東ドイツ史上最大規模のデモが行われた。一一月六日にライプチヒで行われた日曜デモの参加者は五〇万人に上った。こうした大衆行動の盛り上がりに押された東ドイツのクレンツ政権は一一月九日、市民の西側への出国を原則的に自由化する国境開放に踏み切り、東西対立の象徴的存在だったベルリンの壁が崩壊した。国外旅行制限の自由化は当初、一一月一〇日に発効する予定だったが、政権のスポークスマンが記者会見で「直ちに発効する」と誤って言明したため、壁に多数の市民が押しかけて壁の開放を要求、なし崩し的に実現した。その晩、東西ベルリンを隔てていたブランデンブルク門に築かれた壁も撤去され、その周りで夜遅くまでベートーベンの交響曲第九番合唱付き第四楽章の「歓喜の歌」を歌い、歴史的出来事を祝った。

東ドイツに先立ち、ハンガリー、ポーランド、チェコスロバキア、ブルガリアで「逆ドミノ」の形で次々に共産党政権が崩壊した。連続「無血革命」だった。

しかし、ルーマニアでは流血の惨事となった。クリスマスを間近に控えた一九八九年一二月一七日、同国西部のティミショワラでハンガリー系住民の強制移住に反対した住民が警官隊と衝突、多数の死者が出た。当局は当初、死者が出たことを隠していたが、共同墓地での集団埋葬が暴露され、騒乱はブカレストなどルーマニア各地に広がった。共産党独裁体制を敷いていたチャウシェスク大統領は自由化要求運動の弾圧によって事態を切り抜けようとしたが、軍が市民の側に回ったため、同月二二日にはエレナ夫人とともにヘリコプターで脱出、二四年以上続いたチャウシェスク独裁体制は崩壊した。その後、チャウシェスク夫妻は連れ戻され、二五日に軍事法廷で大量虐殺などの罪で死刑を宣告され、即日処刑された。処刑の模様はフランスなどの西側のテレビ局によって実況中継された。

東ドイツに話を戻すと、東ドイツから西ドイツへの大量の市民の流入は西ドイツに多大の負担を強いたが、それを押しとどめることはできなかった。東西ドイツのそれぞれの政府は統一を真剣に考え始めた。

一九九〇年に入ると東西ドイツ統一へ向けた動きは一挙に加速した。

東ドイツでは三月一八日、自由選挙が行われ、統一を主張する保守連合「ドイツ連合」が勝利した。

五月一八日には西ドイツと東ドイツは通貨・経済・社会同盟の創設に関する国家条約に調印、同条約は七月一日に発効し、東ドイツに西ドイツの通貨、ドイツマルクが導入された。

安全保障に関する問題は五月に始まった東西ドイツと戦後ドイツの占領に関わった米ソ英仏四カ国の六カ国外相会議（二プラス四）で討議されていたが、七月一七日までに統一ドイツの北大西洋条約機構（NATO）への加盟を確認した。八月二三日には東ドイツを構成する五つの州（レンダー）の西ドイツ加盟が決議された。八月三一日にはドイツ再統一条約が、九月一二日にはドイツに関する最終規定条約がそれぞれ調印された。

ドイツ再統一は一〇月三日に実現した。この日、東ドイツを構成する五州が西ドイツに加入した。新生ドイツが誕生した。前年一九八九年一一月九日に東西両ドイツ分断の象徴であったベルリンの壁が崩壊して、一年足らずのことだった。

東西ドイツの統一は実現したが、その後、経済的には苦難の時期が続いた。戦後四〇年間、資本主義国として急速な経済発展を遂げた西ドイツと社会主義国東ドイツの間では大きな経済格差が生じていた。それにもかかわらず、東ドイツと西ドイツの通貨交換比率が一対一だったので、様々なひずみが生じた。西ドイツでは国庫から五〇〇〇億マルク（三兆五〇〇〇億円）が吹き飛び、東ドイツでは民営化された国営企業の相次ぐ倒産で失業者が増加した。統一後のドイツは深刻な不況に襲われ、その影響は長く続いた。

オリンピックとの関連では、東西ドイツが統一されたことで、もはや統一チームを編成する必要はなくなった。

二つの中国

中国（中華人民共和国）は台湾（中華民国）を領土の一部と見なしており、中国は一つしか存在しないと主張、「二つの中国」政策を強く排撃している。しかし、台湾は実体的には独立国であり、台湾を国家として認める国も多い。最近は中国側の「切り崩し」で減ってきているものの、無視できない数の国が台湾と外交関係を結んでいる。

こうした中でIOCなどの国際団体、国際機関における「代表」問題が浮上してくる。

中国と台湾の関係を見ていくうえで、まず歴史を振り返る必要がある。中国大陸ではかつて共産党と国民党という二つの政党が長い間争い、その結果、共産党が勝利し、一九四九年に中華人民共和国を建国した。敗れた国民党は台湾に逃げ込み、中華民国の名で存続している。双方は自分たちこそ正統政府であると主張している。すなわち、中国は「台湾は中国の一部である」と、台湾は「台湾はすでに独立した別の国」だと言っている。

台湾はそれ以前、中国に常に支配されてきたわけではない。一六二四年から六二年まではオランダの植民地だった。一八九五年、日清戦争に敗れた清朝は台湾を日本に永久割譲し、同年中に一万二〇〇〇人を超える日本軍が台湾北部に上陸し、以後五〇年間、第二次世界大戦が終結するまで台湾は日本の植民地だった。

一九四五年、第二次世界大戦が終わると、台湾は「中国に返還された」のではなく、連合軍の代理としての中国に占領された。マッカーサー元帥は連合軍最高司令官として、蔣介石の軍隊が連合軍を代表して、台湾を暫定的に軍事占領することを委任したのだ。一九四七年には二・二八事件で独立を求める台湾人一万八〇〇〇〜二万八〇〇〇人が国民党に殺害された。一九四九年には国民党と蔣介石総統が共産党との内戦に敗れ、台湾に逃げ込み、同地に敗残政権を樹立した。大陸では中華人民共和国が成立し、毛沢東が国家主席に就任した。中台分断の始まりだ。その後、一九八七年まで約四〇年間、台湾では戒厳令が敷かれた。中国からの攻撃を警戒しての準戦時体制で、この間、国民党政権は将来、中国大陸を「回復する」という目標を掲げていた。

筆者は一九七〇年代前半、台湾を観光客として訪問したが、毎晩一二時になると外出禁止になるので随分不便を感じたことを覚えている。主要な政府建物の前では銃を持った兵士が亜熱帯にもかかわらず直立不動の姿勢で警戒していた。

一九八七年には戒厳令が解除され、大陸への親族訪問が解禁され、中台の民間交流が始まり、李登輝が与党国民党から立候補し、圧勝した。一九九六年の直接選挙に際しては、前年の同氏の訪米により中台関係が緊張しており、一九九五年夏、そして一九九六年春の選挙中、中国が台湾海峡にミサイルを撃ち込む軍事演習を実施し、これに対して米国が台湾海峡への第七艦隊派遣を宣言して対抗するという局面があった。

二〇〇〇年まで続いた李登輝政権は建前としては大陸との統一を目標としながら、実際には独立志向を強めた。

二〇〇〇年三月に実施された総統選挙では党綱領に「台湾独立」を掲げる野党民主進歩党の陳水扁が当選、台湾史上初の政権交代が実現した。陳は本省人（大陸出身者）。国民党が李登輝の後継として擁立した連戦（前副総統）は次点となった宋楚瑜（前台湾省高官、無所属）にもはるかに及ばず、惨敗となった。これにより、半世紀に及ぶ国民党による一党支配は幕を閉じ、台湾政治史上初の選挙による政権交代が実現した。

就任演説で陳は、中国と台湾の関係を「特殊な国と国の関係」と位置づけた前総統の「二国論」で悪化した中台関係の改善に向け、「中国に武力行使の意図がない限り、任期中は、①独立は宣言しない、②国名は変えない、③「二国論」を憲法に入れない、④統一か独立かの住民投票は行わない、という姿勢を示し、中台の和解を呼びかけた。

中国は総統選で独立色の強い陳を警戒したが、前回総統選時に行ったミサイル演習による威嚇が本省人の李登輝に有利に働いたことへの反省から軍事演習を控えた。陳当選に衝撃を受けた中国は、陳が就任演説で武力威嚇などは控え、陳の「言動を注視する」とし、抑制した対応を貫いた。

二〇〇一年一二月に行われた立法院選挙（定数二二五）では台湾人意識の強い与党の民進党が第一党に躍進した。中国大陸から台湾に移り、五〇年以上にわたり台湾を統治してきた国民党は第二党に転落した。台湾内部で台湾人意識が台頭している状況を改めて示した。

中国は台湾に資本主義制度の現状維持を認める「一国二制度」方式に基づく統一を呼びかけているが、台湾の張俊男行政院長（首相）は立法院選挙の結果は「台湾の多くの人が一国二制度を拒否していることを示した」と強調、中国がこれを直視するよう求めた。

二〇〇四年三月には三度目の総統直接選挙が行われ、現職で台湾独立を志向する陳と中国との統一派を多く抱える連戦との一騎打ちとなった。

当初は基礎票で上回る連戦がリードしていたが、投票日前日、陳が遊説中に銃撃され、負傷するというハプニングが起きた。このため無党派層から同情票が集まり、陳が小差で連戦・国民党主席を破り、再選を果たした。

直接選挙としては三度目となったこの総統選挙も、中国とどう付き合うかが最大の争点となった。自主自立を目指す陳は、大陸時代の国民党政権が制定した今の憲法は台湾にはそぐわないとして、二年後の住民投票で新憲法を定め、四年後に施行すると公約していた。

陳は選挙戦中、台湾の現状を変える意図はないと主張したが、中国側は独立につながるとして反発した。台湾が安全保障面で頼りとしている米国だけでなく、日本や欧州も陳総統のやり方は「台湾海峡に緊張を招く」として外交攻勢を展開した。こうした国際的な圧力や連戦の攻撃にもかかわらず、台湾の人たちが陳に再び政権を託したのは「台湾は中国の一部だ」という思いが薄れつつあり、「中国人ではなく、台湾人だ」という意識が強まっているからとみられる。

こうした中で、中国政府は陳政権に対する本格的な経済包囲網づくりに乗り出した。大陸での台湾企業の活動を奨励し、保護するとした方針を事実上修正し、陳支持派の企業は「容認しない」と公言するようになった。

統一か独立かを巡る中台政治関係は政治面では近年いっそう緊迫化しているが、両者の経済関係（両岸経済関係と呼ばれる）はますます深まっている。

ピンポン外交

中国のオリンピック大会参加は一九五二年のヘルシンキ大会から途絶えていた。そして一九六〇年代にはプロレタリア文化大革命が起き、政治的、社会的に全中国は一九六六年から約四年間にわたって大混乱に陥った。そして、当然スポーツに力を入れる余裕はなかった。こうした混乱から脱出する転機となったのが、一九六九年四月に開かれた中国共産党第九回全国代表大会（九全大会）であり、これを契機に中国は世界に「登場」することになった。一九七〇年のカナダとイタリアによる中国承認に続いて、各国が中国に対して積極的姿勢をみせるようになった。一九七一年には国連代表権が認められた。

スポーツ面での中国の国際舞台登場に大きな役割を果たしたのが、名古屋で開かれた第三一回世界卓球選手権大会であった。大会は一九七一年三月二八日から一一日間にわたって行われた。大会の最終日、中国卓球団の宋中秘書長が突然、「米国の卓球チームを中国に招待したい」との声明を発表し、米国は突然の発表に戸惑いを見せながらも、これを歓迎した。米国チームは直後の四月九日〜一七日まで中国を訪問。この後、米国は中国の卓球チームを米国に招待した。いわゆる「ピンポン外交」である。ニクソン米大統領の反共イデオロギーを超え、スポーツが国家間の結合に貢献した一例である。中国はそれまでの徹底的な反米教育をやめ、対米接近政策に大転換したのである。背景には中ソ対立があり、米国も東西冷戦下「共通の敵」ソ連との緊張関係が続いており、「共通の敵」の存在が米中を結びつけたとの皮肉な見方もできよう。三カ月後には、ニクソン米大統領の中国訪問も実現した。日本にとってはまさに寝耳に水であり、「第一次ニクソン・ショック」となった。

中国にとって国際スポーツ界への進出で大きな意味を持つのがＩＯＣへの復帰であった。

中国のＩＯＣ復帰で決定的な契機となったのがテヘランで開かれた第七回アジア大会への参加であった。中国はテヘラン大会で全一五競技にエントリーし、二〇〇人を超える選手団を派遣した。

ただ、中国のＩＯＣ復帰には中台問題というハードルがあった。多くの国は台湾と中国の間で戸惑いを見せていた。その戸惑いの中で、現実の国際政治で急速に台頭する中国を無視できなくなったのだ。

中国が、ＩＯＣは「二つの中国」を作る陰謀に加担しているとして国際スポーツ界から姿を消したのは一九五八年のことだった。

その後、中国の復帰問題がＩＯＣで初めて取り上げられたのが一九七五年五月の総会においてであった。しかし、このときは「台湾追放」を主張する中国の原則論が禍して、復帰は棚上げされた。台湾擁護派は「台湾除名」の理由はないと主張した。

その後、ＩＯＣ総会では「中国問題の解決」を毎年、重要議題としてきた。

そして一九七七年のキラニンＩＯＣ会長の訪中、七八年のＩＯＣ調査団派遣を経て事態は動き出した。一九七九年一〇月、名古屋のホテル、ナゴヤキャッスルでＩＯＣ理事会が中国問題の解決を最大の議題として開かれた。

会議で採択された決議は、

一、中華人民共和国のNOCの呼称は、中国オリンピック委員会とし、中華人民共和国の国旗、国歌を使用する。

二、台北のNOCの呼称は、中国・台北オリンピック委員会とし、国家、国旗及び表章は現在、使用中のものとは異なり、かつIOC理事会が承認するものを使用する。

とした。

この決議は全IOC委員八六名の郵便投票にかけられ、一一月に開票、承認された。これにより中国のIOC復帰が決まり、同国は二一年ぶりにオリンピックへの出場権を得たのである。台湾は追放を免れた。これは中国が、IOCはクラブ的な性格が強く、一国一代表の「国連方式」は通用しないと認識したためであると思われる。

中国のIOC復帰は中国の国際政治構造に占める位置と役割に照らして当然のことだった。国際スポーツ界は正常化に一歩近づいた。

二〇一八年の状況

中台関係はその後も厳しい局面が続いている。二〇一六年の大統領選挙では民進党から立候補した蔡英文が当選した。民進党の勝利は陳水扁以来で、独立志向の民進党の政権に対して北京政府は警戒感を強めている。

そうした中で、二〇一九年の地方選挙に合わせて、オリンピックやその他の国際スポーツ大会における名義をどうするかについて台湾で住民投票が実施された。この住民投票は独立派の人々が中心となって五〇万人以上の署名が集められて請求されたものだ。

二〇一八年一一月二四日に台湾で行われた住民投票では、二〇二〇年の東京オリンピックに「台湾（英語表記は Taiwan）」名義で参加を申請することへの賛否を問うものだった。台湾は一九八一年のＩＯＣ決定に基づき、「中華台北（英語表記は Chinese Taipei）」の名義でオリンピックに参加していた。中国が台湾を領土の一部と主張する中で、オリンピックに出場するための苦肉の策だったことは前述した通りだ。

住民投票の実施にＩＯＣは危機感を抱き、「認めない」との見解を表明、政治的独立性を重視するオリンピック憲章に照らし合わせれば、住民投票の動きは「外部からの干渉だ」と決めつけた。そのうえで、「台湾」名義での参加は容認できない可能性を示唆した。

住民投票は賛成が反対を上回り、かつ投票権者の四分の一以上（約五〇〇万人）の場合にのみ成立する仕組みだ。

結果は「否決」だった。台湾のオリンピック委員会が選手は「オリンピックに出られなくなる」などと訴えたことが奏効した形となった。

住民投票の結果は「台湾の住民は中国人であることに満足している」と北京政府が主張することを可能にするものだとの見方もある。しかし、「中華台北」の名義使用の継続は台湾の独立を重視する人々の間に不満を残した。

二〇二四年一月には台湾で総統選と立法院選のダブル選挙が行われ、総統選では与党民進党の候補、頼清徳副総裁が与野三党が競り合う接戦を制し、当選を果たした。しかし、民進党は立法院選では過半数の議席を獲得することができなかった。

南北朝鮮

朝鮮半島は第二次世界大戦が終わるまで日本が支配していたが、日本が戦争で負けると、米ソ両国は北緯三八度線を境にそれぞれの軍隊が南北を分割占領することで合意した。その後、南半分で総選挙が行われ、一九四八年八月に大韓民国（韓国）が成立、その翌月に朝鮮民主主義人民共和国（北朝鮮）が建国した。一九五〇年一月、米国務長官アチソンが、「米国が責任を持つ防衛ラインはフィリピン～沖縄～日本～アリューシャン列島までである。それ以外の地域は責任を持たない」と発言した。これを聞いた当時の北朝鮮の指導者、金日成総書記は西側の韓国放棄と受け止めた。同年三月、ソ連を訪問して改めて開戦許可を求めた金日成に対して、中華人民共和国成立（一九四九年）後のアジア情勢の変化を受けてか、毛沢東の許可を得ることを条件にソ連は韓国への侵攻を容認。訪中した金日成は韓国侵攻を中国が援助するとの約束を取りつける。同年六月、北朝鮮軍が国境を越え、韓国に攻め込んだ。朝鮮半島を武力で統一しようと考えたのだ。

朝鮮戦争が勃発すると、米国のトルーマン大統領は韓国への全面支援を表明。国連安全保障理事会は北朝鮮に戦争行為の即時停止と三八度線への撤退を要求する決議案を採択した。さらに国連安保理はソ連代表が欠席中、「北朝鮮弾劾決議」を採択、韓国を防衛するため米軍二五万人を中心とする国連軍を結成した。六月末、日本に進駐していた米軍が急きょ、朝鮮半島に派兵された。

戦いは当初、北朝鮮軍が一方的に韓国軍を攻めたが、米軍主体の国連軍が応援に駆けつけると、形勢は一変し、九月には三カ月ぶりに首都ソウルを奪還した。ソウルを取り戻した国連軍はさらに北上、三八度線を越え、一〇月には北朝鮮の首都ピョンヤンを占領した。

こうした戦況に危機感を抱いた中国は自国軍隊を「義勇軍」と名づけて出動させ、戦争に介入、北朝鮮軍を支援した。中国もソ連と同様に社会主義国で米国と対立していた。

北朝鮮が敗北すれば、資本主義陣営の国と国境を接することになり、こうした安全保障上の危機感から中国は義勇軍による大攻勢を仕掛けた。中国軍は最前線だけで二〇万人、満州待機も含めると一〇〇万人規模という人海戦術だった。この結果、国連軍は三八度線の南に後退、その後、双方が一進一退の激しい戦いを繰り広げ、戦争は膠着状態となった。戦況に苛立った米軍司令官マッカーサーは、日本が一大工業地帯として築いた満州へ原爆を投下しようとするが、ソ連を刺激することを恐れたトルーマンはマッカーサーを一九五一年四月に解任した。

この後、停戦が模索され、一九五一年七月から休戦会談が断続的に繰り返され、結局、一九五三年七月、板門店で休戦協定が締結された。南北朝鮮はほぼ北緯三八度線を境に軍事境界線で南北に分割された。同ラインから南北それぞれ二キロが非武装地帯となり、両軍が駐留している。法的には現在も、南北朝鮮は休戦状態にある。

三年にわたる戦争で、双方の兵士、民間人は約四〇〇万人が犠牲になったと推定される。

緊張緩和

朝鮮戦争の結果、朝鮮半島の南北分断は決定的となった。これを背景に南北朝鮮の政権(李承晩、金日成)は独裁政権として安定。その後、韓国は民主化されたが、北朝鮮では臨戦態勢のまま独裁が続いた。

緊張緩和の兆しが見え始めたのは一九八〇年代だ。一九八四年九月、北朝鮮が水害に見舞われた韓国に救援を提案し、これがきっかけとなり対話が再開された。一九八五年九月には南北の離散家族がそれぞれピョンヤンとソウルを訪問した。朝鮮戦争により家族が離れ離れになった人々は南北で約一〇〇〇万人に上るとされる。

緊張緩和が一気に加速したのは二〇〇〇年六月だった。韓国の金大中大統領と北朝鮮の金正日総書記がピョンヤンで、史上初の南北首脳会談を開催、「統一の自主的な解決」「金総書記のソウル訪問」「離散家族再会」などをうたった共同宣言に署名した。

この会談をきっかけに平和構築・和解ムードが一挙に広がり、西側諸国も北朝鮮と相次いで国交を樹立した。

金大統領の北朝鮮訪問は韓国首脳としては初めてだった。

金総書記は空港まで出迎え、大統領と握手、この模様は全世界に伝えられた。

それまで独裁者として恐れられ、謎に包まれていた金総書記がメディアに露出。「世界が注目している。今回、首脳会議を開いた答えを出さなければならない」と言った肉声も伝わり、イメージを一変させた。

しかし、一気に平和共存に向かうかにみえた南北関係はその後、北朝鮮の経済停滞、食糧危機、核・ミサイル開発疑惑などを背景に足踏みが続いた。

北朝鮮では、二〇一一年に金正日が死去。三男の金正恩が独裁政権を「世襲」し、朝鮮労働党委員長の座に就いた。同氏は核実験や弾道ミサイル発射実験を繰り返し、米国に対して挑発的な態度をとり、これに対して二〇一七年に発足した米国のトランプ政権は態度を硬化させ、同年には米朝軍事衝突、核戦争勃発の危機さえささやかれるようになった。

二〇一七年秋には翌年、韓国・平昌で本当にオリンピックが開けるのか疑問視する声が聞かれた。フランスのスポーツ大臣は「安全が保障されなければ選手を送りたくない」と本音をもらした。

平昌オリンピック

局面が大きく変わったのは二〇一八年に入ってからだった。北朝鮮の金正恩は正月の演説で代表団を平昌に送ることを決め、参加が決まったのだ。同年二月、韓国・平昌での冬季オリンピックを控えて、北朝鮮は態度を一変させ、平和攻勢に転じた形となった。韓国政府もIOCも北朝鮮に水面下で働きかけたとみられる。北が出てくれれば、平昌大会の安全性は当然に保障される。

IOCは一月二〇日に開いた会議で、南北融和の促進、開閉会式の合同行進、女子アイスホッケー合同チームの編成の方針を決め、「南北交流」を打ち出してきた。これはスポーツを通じて平和を達成するというオリンピックの理念に合致するものだ。

北朝鮮からは金委員長の妹が団長を務める代表団が乗り込んできた。女子アイスホッケーでは南北朝鮮合同チームは日本と対戦した。日本に敗れたものの、北朝鮮応援団の一糸乱れぬ応援ぶりは注目された。会場では「竹島（韓国名で独島）」が大きく描かれた白地に青い旗が配られ、北の派手な応援団はそれを打ち振っていたのが目立ったという。竹島は日本が領有権を主張するものの、韓国側が不法占拠している、日本海にある島だ。

平昌オリンピックは成功裏に終わり、南北融和は一挙に進んだ。二〇一八年の春には南北朝鮮首脳会談、夏にはシンガポールで米朝首脳会談が実現し、朝鮮半島の緊張は前年に比べると大幅に緩和された。しかし、北朝鮮の核開発問題は解決するには至っておらず、同国に対する国連安全保障理事会の決議に基づく経済制裁は依然、実施され続けている。

第一〇章
新興国への道
——ソウル、北京、ソチ、リオデジャネイロ

南米初のオリンピックが開かれたリオデジャネイロ

近代オリンピックは一八九六年の第一回アテネ大会から長い間、欧米で行われてきた。欧米の外で開催されたのは一九五六年のメルボルン大会が最初である。一九六四年の東京大会はアジアで最初のオリンピックだった。

その東京オリンピックは日本が戦後復興を成し遂げ、高度経済成長へのスタートを画するものであり、敗戦国の汚名を払拭し、戦後の国際社会・秩序に名実ともに復帰したことを象徴する出来事だった。

その後行われたオリンピックでは、一九八八年のソウル大会、二〇〇八年の北京大会、二〇一四年のソチ大会（ロシア、冬季）、二〇一六年のリオデジャネイロ大会が、それぞれの開催国の経済発展を背景に、国際社会での存在感を示す絶好の機会を提供する形となった。韓国は別として、ブラジル、ロシア、中国は新興国の「雄」であるBRICSのうち三カ国を占めている。

本章では、ソウル、北京、ソチ、リオの四大会が開かれた国の発展と四大会そのものを概観する。

「漢江の奇跡」

「漢江の奇跡」とは戦後の韓国の驚異的な経済発展を意味する。漢江は韓国の首都ソウルを東西に流れる大河であり、ソウルの象徴とも言える。ソウルへの旅行者は滞在中、漢江をまたぐ橋を何度も通ることになる。

韓国経済の成長ぶりはまさに驚異的だ。韓国は他の開発途上国と比べると非常な速さで経済を成長・拡大させてきた。GNP（国民総生産）の伸び率でみれば、一九六〇年代が八・七％、七〇年代が七・四％、八〇年代が九・三％となり、この三〇年間の平均は八・五％となった。この間、マイナス成長は一九八〇年の一度だけであり（マイナス三・九％）、まさに開発途上国の優等生だった。この結果、ドル換算のGNPは一九六一―六三年平均の二四億ドル（名目）から一九七一―七三年平均で一〇三億ドル（六一―六三年の四・三倍）、八一―八三年平均で七五八億ドル（同三一・六倍）、九一―九三年平均で三一八五億ドル（同一三二・七倍）、二〇〇一―〇三年平均で五四四七億ドル（同二二七倍）となった。近年は世界で一一番目の経済規模を誇っている。ドル換算の一人当たりGNPは一九六一―六三年平均の八九ドルから九一―九三年には七二六八ドル（八一・七倍）、二〇〇一―〇三年は一万一四三〇ドル（一二八・四倍）へと急増した。

韓国経済の躍進は一九八〇年代には欧米の研究者に注目されるようになり、米国のエズラ・ボーゲルらが研究の対象とし、欧米のプロテスタント倫理に基づく資本主義に対して「共同体的資本主義」との分類も見られた。日本も含めた「東アジア資本主義」とのネーミングもある。その特徴は①教育の重視、②会社や団体など組織への義務重視、③人の和や協調の重視、④「財閥」や「系列」など企業グループの形成、⑤政府や官僚などによる民間への介入、が挙げられよう。

韓国の経済発展で目立つのは、日本以上の政府主導型発展であり、輸出主導型工業化を重視したことであり、部品の生産である「加工型工業」への傾斜である。さらに大企業(財閥)中心の発展であったことである。

こうした中で韓国経済は様々な問題に直面した。一九九七年に一度韓国が通貨危機に襲われた際、国際通貨基金(IMF)がまとめた報告書は、韓国経済が抱える問題として、①財閥の閉鎖性や不透明性、②金融分野で中央銀行の独立性が欠如していたり、資本市場が未発達であること、③労使関係の前近代性、④公共部門の肥大と前近代性、などを挙げた。

ベトナム戦争と日韓基本条約が追い風

第二次大戦後の国際情勢も韓国経済に多くの側面で多大な影響を与えてきた。

一九六〇年代のベトナム戦争の激化と韓国軍の派兵、ほぼ時を同じくして中国で起きた文化大革命、一九六五年に締結された日韓基本条約がまず挙げられよう。一九六九年から始まった米中和解に呼応する形で一九七一年から南北朝鮮分断後、初の南北対話が行われた。一九七三年、七九年の二度の石油危機は韓国経済の減速要因となった。

こうした中で韓国経済にとってまず最初の追い風となったのは、日本からの賠償金である。朝鮮戦争で壊滅的打撃を受けた韓国は一九六〇年代前半まで世界の最貧国グループに属し、北朝鮮をＧＤＰで下回っていた。そうした韓国経済のカンフル剤となったのが日本からの日韓基本条約に基づく資金である。金鍾泌《キムジョンピル》元首相（当時）は二〇一七年、「一九六一年に誕生した政府は国家安保や経済再建を掲げて発足したが、国庫が底をついており、財源づくりのためには対日請求権に基づく資金しかなかった」と回顧している。日韓基本条約の対日請求権協定で個別に国民に支給すると日本側に説明して得た無償資金三億ドルを得て（このほかに有償資金数億ドル、民間借款三億ドル以上）、韓国経済を発展させるための国内投資資金に回したのである。

こうした経緯が今日でもくすぶり続ける「慰安婦問題」や「徴用工問題」を巡る日韓摩擦の遠因の一つとなっているとみられる。二〇〇五年には韓国内で日韓基本条約に基づく請求権資金を個人補償にほとんど回さず、国内投資に充てて経済発展の基礎を作ったことが公開され、賛否両論が交錯した。すなわち、日韓基本条約を締結した朴正熙《パクチョンヒ》政権はこれにより経済発展を促したとして「貧困脱出、国家再建のための不可避の選択だった」と評価する声と、植民地支配の完全払拭を捨てた「屈辱外交」と批判する声が聞かれた。

韓国経済により大きな効果をもたらしたのはベトナム参戦であった。これは一九六一年一一月に訪米した朴正熙が米国の歓心を買い、自らの政権基盤を固めるために、韓国軍のベトナム派兵を当時のケネディ大統領に申し出た。派兵はケネディ暗殺後、ジョンソン政権下の一九六八年九月から開始され、見返りに巨額の経済・軍事援助が行われた。その金額は派兵後五年間で一七億ドル近くに上った。加えて、米国は韓国で実施される各種救護事業や建設事業に韓国企業を参加させ、国際開発庁（AID）借款を提供した。こうしたベトナム特需を背景に、ベトナム戦争中の一〇年間、韓国経済の成長率は年間平均一〇％前後に達した。GNPは一四倍増えた。

当時の韓国では「ベトナム行きのバスに乗り遅れるな」のスローガンの下、官民挙げてベトナム戦争に参加し、現代、三星などの財閥グループがこの時期、急成長した。韓国にとってベトナムは「戦場」ではなく、まさに「市場」だった。

ソウル・オリンピックの成功

韓国では戦後長い間、軍事独裁政権が続いており、民主化が実現したのはオリンピックの前年一九八七年であった。朝鮮戦争による壊滅的打撃から近代国家に復興したことを示す象徴的な出来事であり、ソウルでのオリンピック開催はその成果を世界に〝認知〟してもらう意味合いがこめられていた。また、第二次世界大戦後に建国された新興国での初めてのオリンピックであると同時にアジアでオリンピックを行うのは東京に次いで二番目となった。大会はソウルで九月一七日から一〇月二日までの一六日間にわたって開かれた。

一九八〇年のモスクワ大会での西側諸国によるボイコットと、それに続く一九八四年の東側諸国による報復ボイコットという「ボイコット合戦」にピリオドが打たれ、米ソ両国が一九七六年のモントリオール大会以来、三大会ぶりにそろって参加した。ただ、ソ連は一九九一年末に崩壊したので、同国にとっては最後のオリンピックとなった。

しかし、北朝鮮は一九八八年のソウル大会には参加しなかった。当初、共同開催を要求したが、合意は成立しなかった。北朝鮮は一九八三年のラングーン事件（韓国の閣僚四人を含む二一人が死亡）や一九八七年の大韓航空機爆破事件（乗員・乗客一一五人死亡）に関与したとされ、一連のテロ事件を起こすことによって韓国でのオリンピック開催を妨害する意図があったとみられる。北朝鮮政府はソウル・オリンピックの開催自体を国民に一切知らせなかった。

ソウル大会ではいくつかハプニングがあった。開会式では最終聖火ランナーが持つトーチによる聖火点灯の後、平和の象徴である鳩が飛ばされるというシナリオだった。しかし、聖火点灯の前から聖火台には何羽もの鳩が止まっていた。最終ランナーはそれにもかかわらず聖火を灯してしまったので、鳩は焼け死んだ。動物保護団体などからの非難もあり、その後の大会の開会式では生きた鳩は使われず、代わりに鳩の映像を使ったり、風船を飛ばしたりするようになった。

メダル獲得争いも熾烈だった。金メダル獲得数はソ連が五五個とトップ、二位が三七個の東ドイツ、三位が三六個の米国だった。ソ連、東ドイツともこれが最後のオリンピックとなり、次のオリンピックがバルセロナで開かれた一九九二年には既に消滅していた。開催国の韓国の金メダルは一二個で四位につけたが、明らかに「ホームタウン・ディシジョン」（審判がホーム側に有利になるよう判定を下すこと）によるものと思われる金メダルも含まれていた。それは「ボクシング問題」にまつわるものだ。ボクシングのライトミドル級決勝で米国のロイ・ジョーンズ・ジュニアは韓国の朴時憲との対戦で二度のダウンを奪い、圧倒したにもかかわらず判定負けとなった。ジョーンズは試合後の記者会見で「金メダルを返せ」と涙ながらに訴えた。その後の調査で審判員五人のうち朴の勝利とした三人が韓国側に買収されていたことが判明した。しかし、ジョーンズは正式なメダルを受け取ることはなかった。

中国経済の急成長

中国経済の躍進は目覚ましく過去四〇年間で三〇倍以上に拡大した。名目GDPベースでは米国に次いで世界第二位の経済大国である。

ここで時計を少し巻き戻すと、中国は一九六六～七六年の文化大革命で大混乱に陥り、経済も疲弊した。一九七六年に文革を領導した毛沢東主席が病没し、改革派の鄧小平が復権した。一九七八年一二月一八日に始まった中国共産党第一一期中央委員会第三回総会（三中総会）で経済再建を最優先する改革開放路線に大きく舵を切った。市場原理を導入する改革に加えて、一九八〇年には広東省の深圳をはじめとする四つの経済特区と上海、天津など一四の対外開放都市を設置し、外資を呼び込んだ。一九八〇年代には経済改革により、農業、工業生産高が毎年約一〇％のペースで拡大した。しかし、経済成長の暗い側面として、社会主義体制下の中国は官僚主義、汚職、財産権の侵害が増え、開放政策の副作用として貧富の格差の拡大や急激なインフレ高進に直面するようになった。こうした中で、中国政府は緩和と引き締めの政策を繰り返した。

一九九〇年代には社会主義市場経済のスローガンの下、国有企業による主要産業に対する支配が続いた。中国政府は投機的な融資の回収に動き、利子率を引き上げ、投資計画の見直しを行った。これによりインフレ率は一九九五年の一七％から九六年初頭には八％台に低下した。一九九〇年代後半にはアジア通貨危機の影響で経済成長は鈍化したが、二一世紀には加速した。この背景には中国の世界貿易機関（WTO）への加盟（二〇〇一年）などの要因がある。

加盟条件として、中国が受け入れた規制緩和の対象は幅広い。関税率の引き下げを主な分野で見ると、①鉱工業製品は一九九七年の平均二四・六％から二〇〇五年には同九・四％に、②自動車は八〇～一〇〇％から二〇〇五年七月までに二五％に、③農産物は二二％から二〇〇四年七月までに一七％に引き下げる、など大幅なものだ。輸入割当などの数量制限は禁止された。このほか、流通、金融・保険、移動体通信など電気通信などで外国企業の出資や参入障壁が段階的に緩和された。

中国はWTO加盟をてこに国有企業改革など産業構造の調整を進め、「世界の工場」「巨大市場」としての魅力に一層、磨きをかけた。

こうした中で、二〇〇八年に北京で夏季オリンピック大会が開かれた。

北京オリンピックの光と影

北京オリンピックの招致については黒い噂もささやかれた。サマランチが次期IOC会長となるための工作を引き受ける見返りとして北京への招致に中国政府は支持を取りつけたというものだ。中国政府の北京オリンピック招致委員会関係者が暴露本の中で明らかにした。

ところで北京オリンピックの道は聖火リレーの段階から険しいものだった。中国政府の人権弾圧や民主化運動弾圧に抗議して聖火ランナーに対する妨害が早くもギリシャで始まり、イスタンブールではウイグル族の独立を支持するグループによる抗議の声が聞かれた。ロンドンとパリではチベット問題に抗議する人々が沿道を埋め尽くし、聖火ランナーから聖火を奪おうとする者や発煙筒をたく者まで現れた。その後、抗議行動はサンフランシスコ、ブエノスアイレス、イスラマバード、ニューデリー、ジャカルタ、キャンベラ、ソウル、長野、マカオでも起きた。何も起きなかったのはピョンヤンだけだった。

中国国内では聖火リレーの妨害行動を受けて、欧米諸国に対する警戒心が強まり、西欧諸国は「人権」と「民主」によってオリンピックを葬り去ろうとしていると指摘する中国メディアもあった。

それでも北京オリンピックは成功裏に開かれたが、中心となって準備を進めたのは、当時、中国共産党政治局常務委員だった習近平（現在の国家主席）であり、最高権力者に上り詰めるための箔づけとなったとの見方もある。

ＩＯＣのジャック・ロゲ会長（当時）は大会最終日に記者会見をし、大会運営そのものについては中国に謝意を示したものの、大会期間中に取材を行った各国メディアに対する報道規制や中国政府が場所を指定して抗議デモ活動を許可するとしていながら、実際にはデモは一件も許可されなかったことを指摘した。

また、大気汚染や食品の安全性への懸念から大会前の最終調整地として二五ヵ国が日本を選んだという。北京の大気汚染については、IOC関係者は「選手や北京を訪れた人々の健康に深刻な問題を引き起こすことはなかった」と述べた。

ところで北京オリンピックは中国人の「深層心理」にも関係していた。北京オリンピックの開催と成功の裏には中国にとってアヘン戦争など不名誉な近代史のイメージを払拭するとともに、欧米先進国と肩を並べるきっかけとしたいとの狙いがあった。言い換えれば、北京オリンピックは過去に栄華を極めた「中華文明」の復権を目指す試みでもあった。開会式のマスゲームで中国で活版印刷術や紙が発明されたことや鄭和の大航海が取り上げられたことも「中国夢」の再来を目指すものだった。

北京大会の金メダル獲得数は中国が五一個と、二位の米国の三六個を大きく引き離した。この背景には金メダル獲得賞金が三五万元と前回のアテネ大会の二〇万元から大幅に引き上げられたことや、国威発揚のための大々的な選手強化策が実施されたこともある。この結果、普段、国内では競技の実態はないのに、「金メダルを獲得した」ということもあった。典型的なのは柔道やボクシングであり、街には柔道場もボクシングジムもないのに、金メダリストが突然現れたのだ。

中国は二〇〇八年に景気の後退局面に入ったが、そうした中で中国は二四兆円規模の景気刺激策を打ち出し、世界経済にとってカンフル剤となった。この時期は中国にとって、「世界の工場」すなわち「世界の下請け」としての存在から脱却しようともがいていた時期である。

そして中国は二〇一〇年にGDPで日本を抜き去り、米国に次いで世界第二位の経済大国に躍り出たのである。そして東シナ海や南シナ海、インド洋などで積極的な海洋進出に乗り出すようになった。

中国は今では日本の倍以上の経済規模を誇り、米国と覇権を争うようになった。

ソチ大会の明暗

旧ソ連が一九八〇年に開いたモスクワ・オリンピックは日米など西側諸国のボイコットで〝片翼飛行〟となり、盛り上がりに欠けた感は否めない。ソ連崩壊後の混乱から立ち直った後継国家ロシアがプーチン大統領の下で二〇一四年に開いたソチ冬季大会はまさに国家ロシアの威信をかけたものだった。ロシアはBRICSと称される新興大国グループの一角である。

オバマ米大統領をはじめとする西側諸国首脳が開会式をボイコットしたものの、懸念されていたテロもなく、大会はおおむね成功裏に終了した。

しかし、隣国ウクライナの情勢はソチ五輪に影を落としていた。

ソチ五輪はウクライナの政変と並行して進み、閉幕直前、親ロ派のヤヌコビッチ大統領がロシアに亡命。ロシアはウクライナのクリミア共和国に介入し、三月に住民投票を経てクリミアを一方的にロシアに編入した。加えて、ウクライナ東部の親ロ派に要員や武器を提供することで支援に動き、ウクライナ内戦に一方的に介入した。内戦の一方の当事者となったことでオリンピックを開いた平和国家としてのイメージは直ちに霧散した。

その後、欧米諸国や日本は、クリミア介入や二九八人の死者が出た七月一七日のマレーシア航空機撃墜事件に抗議して、次々に経済、産業分野での制裁措置を課した。仮定の話だが、ロシアのクリミア介入がソチ大会の前に起きていたならば、西側諸国によるボイコットが起きていたであろうと思われる。

ソチ五輪は雪不足に悩みながらも競技日程を順調に消化し、トラブルや混乱も意外に少なかった。治安部隊や警官の投入で厳戒態勢が敷かれ、懸念されていたテロは起きなかった。ロシア選手団は金メダル獲得数が国別ではノルウェーと並び、ロシア国民を熱狂させた。モスクワ・オリンピックの屈辱を晴らしたほぼ「完璧な五輪」だった。

サイバー攻撃

ソチがロシアにおいてハッカー攻撃などにより情報を盗み出すためのマルウェア（悪意に満ちたソフトウェア）の〝ハブ〟の一つであることはあまり知られていない。

ソチ・オリンピックが始まる前から、現地入りした西側からのジャーナリストや観光客はハッカーや明らかにロシア政府によるとみられるハッカー攻撃の標的となった。

オリンピックをはじめとする大規模な国際的イベントには各国の外交官や実業界の指導者、有名人が集まり、ハッカーたちにとっては重要情報を盗み出す絶好の機会を提供しているのは否めない。さらにロシアはサイバー攻撃に手を染める、世界で最も恐れられている犯罪者の多くが集まっている場所として知られている。

米NBCテレビのスタッフはオリンピックの取材・放送のためソチ入りしたが、同地のホテルに投宿して新品のコンピューターを立ち上げるや否や、フィッシングなどの猛烈なサイバー攻撃にさらされたという。

米政府はソチに旅行する自国民に対して、コンピューターなどの電子機器からすべての重要情報をあらかじめ削除しておくよう勧告。ソチでコンピューターやスマートフォンを使えば、直ちにハッカーの攻撃対象になることを覚悟すべきだとした。さらに、ソチにおけるコミュニケーションはモニターされており、ロシアにおいてはプライバシーが保護されることを期待しないように助言した。

ロシア人は、オリンピックなどのイベントは元来、西側のイベントであり、ロシアで開かれるこうしたイベントを利用して西側のスパイなど潜在的な「侵略者」が入り込むのが常であると考えている節があるという。ロシア人は西側からの旅行者を疑惑の目で見ているようだ。

オリンピックが開かれたソチはまさに〝ディストピア〟と化したのだ。

四年後の二〇一八年二月に韓国の平昌で開かれた冬季オリンピックの開会式は大規模なハッカー攻撃にさらされた。開会式のセレモニーが始まる直前、大会の公式サイトが機能不全となり、大会関連の情報を得るためのアクセスができなくなり、競技会場の入場チケットも印刷できなくなった。公式サイトが復旧したのは一二時間後だった。

平昌では、ハッカー攻撃の犯人はロシアだとの噂が広まった。二〇一四年のソチ大会での二〇〇人に上るドーピング疑惑でロシア・オリンピック委員会が平昌大会へ選手を派遣できなかったことへの報復であるとまことしやかにささやかれた。ただ、平昌大会の関係者は確認することを拒否した。

ドーピング大国ロシア

ロシアのドーピング体質は脈々と続いており、根深いものがある。二〇一六年七月、世界反ドーピング機関（WADA）は同年八月から九月にかけてのリオデジャネイロ・オリンピックを前に報告書を発表、ロシアの組織ぐるみのドーピングは陸上界だけでなく、大半の競技に広がり、検査機関の不正を政府が主導していたことを明らかにした。不正が判明したのは二〇一一年後半から二〇一五年八月で、国際大会では一三年の世界陸上選手権などが含まれる。調査チームはモスクワの検査機関が五七七件のロシア選手の陽性結果を突き止めていた。内訳は陸上一三九件、重量挙げ一一七件など。陽性の結果はその都度スポーツ省に報告され、上層部の指示でそのうち三一二件は救済対象としてその後、一切調査をせずに「陰性」と登録した。

ロシアにおけるドーピングのやり方は医者に指南されて代表コーチが半ば選手に強制する。選手はお金を出してドーピング薬を買い、代金は指南役に払う。選手は国際大会に出場する前にはモスクワにある本来はドーピングを取り締まる側の機関に自分の尿検体を持って行くと「あなたはこの薬を使ったらｘｘの期間で薬が身体から消えるから、ｘｘの時点で国際大会に出ても大丈夫」だと教えてくれるという。

ロシアは二〇一〇年のバンクーバー冬季オリンピックで金三個を含めてメダルは一五個に終わった。ソチ冬季大会では金一三個を含む三三個のメダルを獲得した。自国大会での低調な結果を避けるために、組織ぐるみでドーピング及びその隠蔽を始めたとみられる。ただ、旧ソ連時代にステートアマと位置づけられたオリンピック選手がドーピングと無関係であったとは考えられないだろう。一九九〇年の東西両独の統一で消滅した東ドイツでドーピングが大規模に行われていたことは記憶に新しい。

スポーツはルールに則ってフェアに実施されてこそ観客の間で感動を呼ぶということは言をまたないが、ロシアが国威発揚のために国家ぐるみで「一線を越えた」ことはオリンピックの歴史に汚点として残るであろう。

リオデジャネイロ大会とブラジルの政治的混乱

ブラジルは中国、ロシアとともにBRICSと称される新興国グループに属している。二〇〇九年にリオデジャネイロ開催を勝ち取ったときにブラジルは新興国としての熱気にあふれていた。しかしその後、政治は混乱し、経済は低迷した。組織委員会は予算を当初の六四億ドルから四一億ドルに減額し、何とか開催にこぎつけた。

二〇一四年五月、ジョン・ダウリング・コーツIOC副会長は、リオデジャネイロ大会へ向けた準備状況について、競技施設の建設の大幅な遅れなどを指摘し、「過去最悪」とこきおろした。大会前、競技インフラの整備の遅れに加えて、ブラジル政治の混乱や治安の悪化も指摘されていた。

一部の競技会場や幹線道路、地下鉄四号線の完成が懸念されていたが、突貫工事で何とか開会式に間に合った。競技会場ではコンピューターや競技用具、仮設席などの設置が突貫工事となり、運営面でのテストや訓練を行う十分な時間がないぶっつけ本番となった。

政治の混乱も深刻だった。リオ大会の二カ月前、ルセフ大統領が政府会計の粉飾に関わったとして弾劾手続きによる職務停止に追い込まれ、テメル副大統領が大統領代行に就任した。両者の仲は険悪で、ルセフはテメルを「陰謀を企てる首謀者」「裏切り者」と批判していた。ルセフは職務停止となったために開会式には出席せず、代わりにテメルが国家元首として出席し、開会宣言を行った。

オリンピックの開催前からリオデジャネイロ市内では白昼でも路上強盗やひったくりが発生するなど治安の悪さが指摘されていた。ブラジル政府は軍や治安部隊なども投入、八万人以上の警備要員が目を光らせる中での開催となった。それでも観光客だけでなく、選手や報道関係者、外国からの要人らが盗難、強盗、投石などの被害に遭った。リオ市内の選手村でも盗難が頻発した。

前述したようにロシアの国家ぐるみのドーピング疑惑が明るみに出て、WADAなどがロシア選手のオリンピック出場停止を勧告した。IOCは八月、ロシア選手団三八九人のうち二七一人の出場を認めた。

ところで南米でのオリンピック開催は初めてだった。史上最多の二〇五ヵ国・地域からの代表に加え、IOCが創設した難民選手団の一〇選手に個人参加を合わせて一万人超の選手が参加した。前年の二〇一五年には内戦のシリアなど中東・北アフリカ地域からの難民が欧州に一〇〇万人以上押し寄せ、深刻な人道危機の様相を呈し、難民問題への関心が高まった。難民選手の参加はオリンピック運動が恵まれない状況にあるアスリートへの連帯を示すものだった。

ファベーラとの対比

リオデジャネイロ・オリンピックは治安への懸念とともに始まったが、一部の選手や外国の閣僚が強盗に遭ったものの、大会運営に大きな支障はなかった。心配されていたテロ事件も起きなかった。二〇一六年にブラジルでは蚊によって拡散されるジカウイルス感染症(ジカ熱)が流行していたが、選手の感染や健康被害についての報告はなく、大会運営上で支障はなかった。

大会運営に関するトラブルとしてはプールの水質問題があった。飛び込み競技のプールの水に藻が発生したように水が緑色に変色する事態が発生し、大会運営側は薬剤の調整のミスであり、安全性に問題はないとして競技は続行した。飛び込みプールに隣接する水球用プールでも目の痛みを訴える選手が現れ、水質管理の不備が指摘された。

大会前にオリンピック関連のイベントはほとんどなく、オリンピック・ムードは盛り上がらなかったものの、白熱した競技が展開されるにつれて関心も高まってきた。ブラジルが男子サッカーやバレーボールで金メダルを取ると一挙に盛り上がりを見せた。リオデジャネイロのオリンピック組織委員会によると、「約六一〇万枚のチケットのうち、約八〇%のチケットが売れた」というが、一部の競技では空席が目立ったという。スポンサーに販売したチケットが実際には使われなかったなどの事情があるとみられる。

リオデジャネイロは、コパカバーナビーチや高さ三〇メートルの巨大なキリスト像で知られるコルコバードの丘などの観光名所があり、年間約三〇〇万人が訪れる南米有数の観光地だ。そのリオデジャネイロでオリンピック開催期間中、開会式が行われたマラカナン競技場を見下ろすマンゲイラ地区に散在する、ファベーラと呼ばれるスラム街では警官隊と麻薬ギャング団の間で銃撃戦が何度かあった。リオデジャネイロ郊外の国際空港から市内に車で走ると何とも言えない異臭が左側の丘陵地帯から漂ってくる。そこがスラム街、ファベーラだ。約六〇〇〇万人のリオの人口のうちおよそ四分の一が住んでおり、麻薬と銃が野放しの暴力と犯罪が常態化している地域だ。二〇〇九年にオリンピック開催が決まったとき、ブラジル政府はリオデジャネイロのファベーラの一掃を「公約」、何度も軍隊を出動させて掃討作戦を行ったが、コロンビアの麻薬組織とつながりがあるとされる麻薬ギャング団とのイタチごっこは続いている。

そうした中で警察はファベーラの中に日本の交番に似た駐在所を三八カ所設立し、二四時間体制で取り締まりに当たり、治安の改善に努めている。

第二章
二〇二一年東京オリンピック

開幕に際し、ブルーインパルスが東京の空を彩った

二〇二一年、東京でオリンピックが開催された。日本で夏季大会が開かれたのは一九六四年の東京大会に続いて二度目。札幌、長野での冬季大会を含めると四度目。本章では東京決定までの経緯を振り返った後、大会開催のコストと経済的便益、炎天下対策、新型コロナウイルス感染症対策など様々な課題について概観する。

五輪と政治

ＩＯＣは二〇一三年九月七日にブエノスアイレスで開いた総会における投票で二〇二〇年の夏季オリンピック開催都市を東京に決定した。対抗馬のマドリードとイスタンブールを抑えての勝利である。決定過程で東京に有利に働いたのは精力的な招致ロビー活動に加えて、オリンピック憲章が政治の介入を禁止していることなどを背景に、日本と緊張関係にある中国と韓国の表立った妨害工作がなかったことや東日本大震災からの復興とオリンピックをリンクさせ「復興オリンピック」と位置づけたことなどが挙げられよう。

安倍首相はＩＯＣ総会で行った五輪招致演説で、オリンピックの遺産として建物や各種国家プロジェクトに加えて、オリンピックを見た人々は世界へ視野を広げることとなり、人々は目に見えない財産を得る、といった趣旨のことを語った。そのうえで、懸念されている福島原発事故の影響については「状況はコントロールされている」と明言し、理解を求めた。ただ、「東京には、いかなる悪影響もこれまで及ぼしたことはなく、今後も及ぼすことはありません」との発言は一部で物議を醸した。

オリンピック開催がもたらす経済効果、情報発信、国と国民の一体化などのメリットはオリンピック憲章とは裏腹に、政治家たちに「オリンピック＝国益」であると考えさせるのに十分である。

東京招致を巡る疑惑

オリンピック招致を巡ってはIOC委員買収などの黒い疑惑が絶えない。二〇〇八年の北京夏季大会もそうだった。ただ、東京招致では幻の一九四〇年大会、一九六四年大会の双方とも黒い噂は出なかった。

しかし、二〇二〇年大会の招致を巡っては、仏検察当局が竹田恆和JOC会長に買収疑惑があるとして、捜査に乗り出し、同氏に対してパリで事情聴取を行ったことが報じられた。仏当局は二〇一九年、日本の招致委員会がIOC委員だったラミン・ディアク国際陸上競技連盟（IAAF〈当時〉、世界陸連＝WAの前身）前会長の息子に二八〇〇万シンガポールドル（約二億二〇〇〇万円）のコンサルタント料を東京開催が決まった二〇一三年に支払っていたことが明らかになった、と発表した。竹田会長はパリでの事情聴取でコンサルタント料が開催地選定に向けた集票の見返りであり、賄賂に相当するのではないかと聞かれたとみられる。

仏当局が竹田会長から事情を聴取したのが二〇一八年一二月であり、この事実が判明したのが翌二〇一九年一月。これが表面化した後、竹田会長は記者会見に応じたものの、一方的に、声明文を読み上げるだけで質問に答えることはせず、会見は約七分間で終了。疑惑はますます深まった。

東京2020組織委員会の関係者の間では、「東京大会のイメージを損なう」として、東京大会への悪影響を懸念するとともに、竹田会長の資質を問う声が高まった。

竹田会長は三月に入って追い込まれる形で六月の任期切れに伴い退任する意向を明らかにした。IOC委員も退任した。

辞任表明の記者会見で「世間をお騒がせしたことを大変心苦しく思う。今期をもって役員の定年を迎える。JOCの将来を思うと、次世代を担う若いリーダーに新しい時代を切り開いていただくことが最もふさわしい」と語った。竹田会長は二〇二〇年東京大会の成功を見届けて退任したいとの意向だったとされ、無念の途中降板となった。

東京オリンピック招致委員会の当時の幹部は、朝日新聞に対し「招致委として支払うことはあり得ない」と語ったが、複数の招致委関係者は「当時は招致委の外部に別動隊があった。彼らの動きは分からない」としている。オリンピックと金を巡る闇は政治的思惑も絡み、深いと言わざるを得ないようだ。

コンパクトで低コストのはずが

二一世紀に入って開催されたオリンピック大会は開催費が一兆円を超える高コストの大会が目立つようになった。二〇一四年のソチ大会は過去最高の五兆円に上った。ロシアのプーチン大統領は大会開催を契機に大都市開発を推進したからだ。二〇〇八年の北京大会は大規模な都市整備事業を実施し、夏季大会で最高の三兆四〇〇〇億円に達した。夏季大会では北京大会に次いで、二〇一二年のロンドン大会はテロ対策費用や輸送費用がかさみ、二兆一〇〇〇億円となった。当初、ロンドン市は八〇〇〇億円と見積もっていた。二一世紀以降の夏季大会では二〇〇〇年のシドニー大会が四〇〇〇億円、二〇一六年のリオデジャネイロ大会が四一〇〇億円（大会会場への交通機関などの整備費用は含まれず）、二〇〇四年のアテネ大会が一兆一〇〇〇億円となった。冬季大会では二〇一八年の平昌大会が一兆三八〇〇億円（KTX高速鉄道などの建設費も含む総事業費）に達した。

ところで二〇二〇年東京夏季大会だが、招致運動段階では、国立競技場は改装するものの、そのほかの競技施設は一九六四年の東京大会の施設を活用するので「コンパクトで低コスト」のオリンピックを開催できると喧伝していた。招致前の二〇一三年一月にＩＯＣに提出された立候補ファイルでは経費は八二九九億円とされていた。

しかし、その後、東京大会の予算規模は膨らみ、二〇一七年時点では一兆三五〇〇億円（予備費を除く）に達した。内訳は組織委と東京都がそれぞれ六〇〇〇億円、国が一五〇〇億円（国立競技場の建設費用に一二〇〇億円、パラリンピック開催費用に三〇〇億円）負担する計画だ。

会計検査院は組織委の予算計画第三版が発表される約二カ月前の二〇一八年一〇月初め、組織委が予算（第二版）としている一兆三五〇〇億円に含まれる経費以外に約六〇〇〇億円が計上されていることを指摘した。六〇〇〇億円はオリンピック関連予算として計上されており、その内訳は競技場周辺の道路輸送インフラ整備（一三八九億円、国土交通省）、警備費用（六九億円、警視庁）、熱中症に関する普及啓発（三七四億円、環境省）、競技力の向上（四五六億円、文部科学省）、分散エネルギー資源の活用によるエネルギー環境課題の解決（一八八五億円、経済産業省）など合計八〇事業だ。この中には大学などに委託したトレーニング機器の開発やオリンピック参加国と地方自治体の交流事業など成果の伴わないものもあった。

ただ、組織委は同年一二月に発表した予算計画第三版では、会計検査院が指摘した六五〇〇億円は国の負担分には含めなかった。東京都も二〇一八年一月、組織委公表の都の予算六〇〇〇億円とは別に八一〇〇億円を関連予算として公表した。この結果、東京大会の予算は総額で三兆円規模となる可能性が出てきた。

ただ、オリンピックの経費については線引きが難しいようだ。会場周辺の道路などのインフラ整備費用などを含めるかどうかに関しては明確な基準はない。組織委は通常の行政サービスやレガシーとなるインフラなどは計上していないという。IOCは増大するオリンピック経費が開催都市・国の財政を圧迫しており、そのため立候補する都市が少なくなっていることに危機感を覚え、オリンピックの開催に必要な予算とそれ以外の恒久的な都市基盤の整備にかかる費用を区別し、開催都市にかかる「重圧」を軽減しようとしている。二〇二二年の冬季大会開催には当初、八都市が手を挙げたが、ドイツのミュンヘンとスイスのサンモリッツは住民投票の結果を受けて撤退に追い込まれた。夏季大会も立候補都市が少なくなり、二〇二四年のパリ、二〇二八年のロサンゼルスは事実上、無投票で決まった。

東京大会の経費は最終的にどうなっただろうか。大会後の組織委の発表によると、一兆四二三八億円。二〇一七年の試算額を少し上回った。内訳は組織委六四〇四億円、東京都五九六五億円、国一八六九億円だった。

これには後日談がある。会計検査院は、最終報告に含まれていなかった選手強化費、セキュリティー経費など一八三七億円のほか、国立競技場の整備費一七九億円、新型コロナウイルス対策費九一億円などを加算。総額は一兆六九八九億円に膨れ上がった。

経済効果は三〇兆円？

オリンピックは開催に多大のコストがかかるが、それだけにとどまらず、開催による経済効果も見込まれる。

東京都は二〇一七年三月、二〇二〇年の東京オリンピック・パラリンピック大会は、招致が決まった二〇一三年から大会一〇年後の二〇三〇年までの一八年間で約三二兆三〇〇〇億円の経済波及効果を全国にもたらすとの試算を発表した。経済効果は大会開催の直接効果で生じた「直接的効果」五兆二〇〇〇億円と大会後に生じる「レガシー（遺産）」効果二七兆一〇〇〇億円から成る。レガシー効果には交通インフラ整備、バリアフリー対策、訪日観光客の増加と、競技場の活用、スポーツ人口やイベントの拡大などに基づくものだが、このうち交通インフラ整備、バリアフリー対策と訪日観光客の増大が主要な貢献要因になると見込まれる。

日本銀行も東京大会の経済効果を試算し、建設投資や訪日観光客の増大などを主因として一四～二〇年の実質国内総生産（GDP）が二五兆円から三〇兆円押し上げられると公表した。

民間にはさらに強気の予想もある。大和証券の木野内栄治シニアストラテジストは一つのシナリオとして、観光産業の拡大で九五兆円、国土強靭化が生み出す需要に基づいて五五兆円の合計一五〇兆円を見込んでいる。

実際の経済効果はどうなっただろうか。ここでは学者の試算を取り上げる。

関西大学の宮本勝浩名誉教授（国際経済学専攻）は東京オリンピック・パラリンピックの経済効果を約六兆一四四二億円と試算。これは消費の拡大や税収増などのプラス効果も勘案したものだという。また、大会組織委及び国と東京都は合計約二兆三七一三億円の赤字を出したと試算した。この赤字の中には無観客開催で生じた入場料の逸失収入約九〇〇億円も含まれている。

猛暑対策

夏の東京でオリンピックを開催するにあたり、避けて通れないのが猛暑対策だ。東京オリンピック組織委員会の武藤敏郎事務総長は、二〇一八年一〇月一七日、東京都内の日本記者クラブで行った記者会見で、東京大会の課題について説明。予想される猛暑への対応については、マラソンのスタート時間を午前七時に繰り上げるなど様々な措置を講じると表明したが、日中の最高気温がセ氏三五度、場合によっては四〇度を超える事態に直面した場合、屋外での競技が続行できるのか、観客は耐えられるのかなどを巡って決め手はないようだ。その後、マラソンと競歩は札幌開催に変更された。

武藤氏は、一九六四年の東京オリンピックが交通インフラや競技場などのハードなレガシーを残したのに対し、二〇二〇年大会は、①日本人が育んできた文化的価値、②社会的なルールの順守の重要性、③自然との調和の重要性、などを発信することによって、ソフトなレガシーを後世に残したいと意欲を示し、大会を通じてボランティア文化も根づかせたいと語った。

新型コロナ感染拡大で一年延期

二〇二〇年二月に日本国内でも新型コロナウイルス感染症が拡大し始め、同年七〜八月の東京大会の開催が危ぶまれるようになった。四月にかけてコロナ感染は爆発的拡大を見せ、市民に「行動変容」を促す「緊急事態宣言」が初めて発出された。安倍政権は同月、東京大会を一年延期することを決めた。

その後も、コロナ禍は収束の兆しを見せなかった。

「無観客」開催

二〇二一年五月半ば以降、菅首相に中止を求める直言も閣僚の間から相次いだ。そうした中で、政府のコロナ対策分科会の尾身茂会長らは五輪の無観客開催を推奨する提言を政府などに提出した。菅首相はコロナ禍での五輪開催の意義について、「平和の祭典」であるとしたうえで、「安全・安心の対策をしっかりと講じる」と繰り返した。しかし、七月二三日の開会式を控えて、コロナ感染状況は一層悪化、東京都に対する第四回「緊急事態宣言」が発出され、政府は東京大会の原則「無観客」開催に応じるよりほかに術はなかった。正式には七月八日、都内の会場での無観客開催が決まった。観客を入れて開催したのは静岡県と宮城県、「学校連携観戦プログラム」で児童を入れた茨城県の三県だけだった。東京パラリンピックも原則、無観客開催となった。

レガシーは？

新型コロナウイルス感染症が猛威を振るう中で〝強硬開催〟された感のある第三二回オリンピック大会（東京オリンピック）は二一年八月八日、日程を終え閉幕した。コロナ感染蔓延で一年延期され、大半の会場が無観客となるなど異例ずくめの大会となったが、無事に終了した。約一万一〇〇〇人の選手が参加し、日本はこれまでで最多の金メダル二七個を獲得し、国別では米国、中国に続く三番目。銀、銅メダルを合わせるとメダル数は五八個とこれも過去最多だった。日本勢の活躍により、オリンピックに対する国内世論の逆風は一定程度沈静化したとの見方もある。

オリンピックの期間中はほぼ真夏日が続いた。専門家は熱中症への注意を呼びかけ、選手らはミストシャワーを浴びたり、保冷剤入りのアイスベストを着用して体温調整を図った。水分もこまめに補給した。

新型コロナウイルス感染症の流行が急拡大する中で〝強硬開催〟された東京大会への世間の風当たりは組織委の武藤が掲げた東京大会の〝レガシーリスト〟（前述）を色あせたものにした。

テレビ局からの放映権料収入を優先して、参加選手を猛暑にさらすことへの抵抗感の欠如は、武藤が重視する〝自然との調和〟をうつろなものに響かせる。汚職と談合に至っては、〝ルールの順守〟どころではない。

汚職と談合

招致を巡る買収疑惑に関して前述したが、大会後、汚職（贈収賄）と談合の疑惑が浮上した。二〇二一年の東京大会は金まみれの大会だった。

汚職事件で金銭が授受されたルートは一五あった。そのうち五ルートに大会組織委員会の高橋治之元理事（被告）が収賄側として関与したとされる。同理事はスポンサー企業の選定などで便宜を図った見返りに、五ルートで合計約二億円の賄賂を受け取ったとして受託収賄罪に問われている。

一方、紳士服大手「ＡＯＫＩホールディングス」の前会長や出版大手「KADOKAWA」の五輪担当室長が贈賄側に含まれる。

この贈収賄事件の本質は「国家的に重要な東京大会の公正な運営への信頼が害された」（東京地裁）というものだ。

談合事件は東京大会の運営業務に関する「受注割り当て」疑惑を巡るものだ。

東京地検特捜部は大会組織委員会の大会運営局の元次長・森泰夫容疑者、広告最大手「電通」のスポーツ局長補だった逸見晃治容疑者ら計四人を独占禁止法違反（不当な取引制限）の疑いで逮捕した。

組織委は二〇一八年、大会各競技のテスト大会立案に関して会場ごとに二六件の競争入札を実施し、九社と一共同企業体の契約金は計約五億四〇〇〇万円。すべての落札企業と企業体がテスト大会の実施と本大会の運営業務を入札のない随意契約方式で受注した。随意契約額は合計約四〇〇億円。

公判で、電通の逸見被告は「談合で不当な利益を上げる目的など一切なかった」とし、不当な取引制限の存在を否定した。そのうえで、電通の五輪関連業務は約四六七億円の赤字だと強調した。

一方、検察側は初公判で既に、最初の入札が事実上、本大会までの選定を兼ねており、受注業者を決める事前調整は一体で行われた、と主張している。

談合事件の背景には、日本ではオリンピックなど国際スポーツ大会の開催を担うためのノウハウの蓄積が不十分で、比較的経験が豊富な大手広告会社に頼らざるを得ないという事情があるのかもしれない。

裁判の行方は予断を許さないようだ。

東京大会をめぐる汚職や談合が発覚したことで札幌市が進めてきた二〇三〇年の冬季大会の同市への招致は致命的打撃を受けた。東京大会が「金まみれ」だったことで札幌市民の間で反対機運が広まり、同市は撤退に追い込まれた。札幌市は五輪を「まちづくりの起爆剤」と位置づけ招致活動を進めてきたが、当て外れに終わった。ＩＯＣは二〇二三年末、開催地を二〇三〇年はフランス、三四年は米デンバーにすると発表した。

第三章 二〇二四年パリ・オリンピック

エッフェル塔の前に設置されたオリンピックのモニュメント

一〇〇年ぶり、三回目のパリ五輪

近代オリンピック運動を提唱し、その父とも呼ばれるクーベルタンの出身国であるフランスの首都パリで一〇〇年ぶり、三回目となる夏季オリンピック大会が、二〇二四年七月二六日から八月一一日まで開かれる。

二〇二一年の東京大会が、新型コロナウイルス感染症が世界的に流行する中、競技が無観客で行われ、いまいち盛り上がりに欠けたことを受けて、来るパリ大会は近代オリンピック運動に新たな息吹をもたらすものと期待する向きもある。

そうした中で、激動する国際情勢が再びオリンピックに影を落としそうだ。ロシアのウクライナ侵攻を受けて、ロシアと同国を後押しするベラルーシの選手がパリ大会で国を代表することは認められないことになった。

イスラエル軍のパレスチナ自治区ガザへの軍事侵攻が焦点となっているパレスチナ問題では、以前からイスラム教徒が多い国を中心に、イスラエル選手との対戦を避ける目的で競技を棄権するケースが顕著だ。イスラエルを国家として認めていないイランではこうしたケースが目立ち、政府からボイコットを強要されて亡命した選手もいる。

イスラエルやパレスチナのパリ大会参加をめぐっては、本稿執筆時点(二〇二四年四月)

では目立った疑問の声は出ていない。ただ、今後、犠牲者がさらに増えれば参加資格が政治問題化する恐れはある。オリンピックは「平和の祭典」なのだ。

開会式はセーヌ川

オリンピックの開会式はこれまでずっと競技場内で行われてきた。しかし、今回のパリ五輪では競技場を出て、パリ市内を流れるセーヌ川で船を浮かべて行われることになった。従来の開会式での入場行進は、一六〇隻の船に選手団を分乗させての約六キロの水上パレードとなる。パリ・パラリンピックの日程は八月二三日から九月六日。

パリ市内ではセーヌ川に三七の橋がかかっているが、出発点となるのがオステルリッツ橋。前代未聞となるオープンエアの「移動祝祭日」（米国の文豪ヘミングウェーがパリでの日々をこう形容した）を迎える。

セーヌ川沿いにはエッフェル塔やノートルダム大聖堂、コンコルド広場、ルーブル美術館など有名な観光モニュメントが目白押しで、選手団は船上から眺めることになる。観客は史上最大の約三〇万人が予想されている。

ただ、セーヌ川で行われる開会式の警備に不安の声が広がっている。

パリでは二〇一五年一一月に劇場やカフェのテラスなどでイスラム過激派による同時多

発テロが発生し、一三〇人が死亡したことはフランス国民の間でまだ生々しい記憶として残っているようだ。

二〇二四年三月にはモスクワ郊外のコンサート会場が襲撃され、一四〇人以上が犠牲となった。犯行声明を出した過激派組織「イスラム国」（ＩＳ）がフランスでも過去数ヵ月の間に複数のテロ攻撃を計画していたとして、フランス政府はテロの警戒レベルを過去最高水準に引き上げている。

マクロン大統領は四月一五日のインタビューで「プランＢとＣを並行して準備している」とした上で、水上パレードの断念案やパリ郊外でのスタジアムでの開会式開催案に言及した。

ロシアの参加問題

ＩＯＣは二三年七月に開いた理事会でパリ五輪にロシアとベラルーシを招待しないことに決めた。翌月八月には、ウクライナのシュミハリ首相はロシアとベラルーシの選手の出場が許可されれば、ボイコットする可能性を示唆。一〇月に入ると、ＩＯＣの理事会は、ロシアのオリンピック委員会（ＲＯＣ）を「即時、今後通知があるまで」資格停止にすることを決めた。

一連の動きを受けて、ＩＯＣは同年一二月、ロシアとベラルーシの選手を国を代表しない「中立選手」として出場を認めるかどうかについて本格的に協議した。この結果、ＩＯＣはロシアとベラルーシの選手について国を代表しない個人資格の「中立」の立場でパリ大会への参加を認めることを決定したと同月八日に発表した。国旗掲揚や国歌斉唱は認めず、ロシアのウクライナ侵攻を積極的に認めないことを参加選手に求める。団体競技は含まれない。また、軍や治安機関と関係がある選手は除外する。ＩＯＣは一定の条件下で両国からの参加を認めたが、陸上・馬術の競技連盟は同意せず、先行き不透明だ。

こうした中で世界陸連のセバスチャン・コー会長は、両国選手を除外する理由について「今の状況はとてもシンプルだ。主権国家が侵略されている。国を守るために亡くなっている選手がたくさんいて、練習施設も使えなくなってきている」と述べた。

中立選手としての参加の場合、開会式には出席できず、国旗と国歌の使用は不可。表彰式などではＩＯＣが用意する旗や曲を使う。

二〇二一年の東京五輪にはロシア選手三三〇人、ベラルーシ選手一〇四人が参加。ＩＯＣによれば、四月初旬時点でパリ五輪への参加資格を獲得しているのはロシア出身選手が一二人、ベラルーシ出身選手が七人だ。最終的にはそれぞれ三六人、二二人まで増えると予想されている。

ロシアは組織的なドーピング問題で、二〇二二年の北京冬季五輪では、国家や国旗の使用が認められず、個人資格での出場のみだった。

ＩＯＣの決定に対して一部のウクライナ選手は「非常識」などと反発。今後、この問題で一波乱があるかもしれない。

ウクライナのフトツァイト青年スポーツ相は「戦いは続く。ロシアとベラルーシの選手は中立の要件を順守しているかどうか監視し、違反があればＩＯＣに通知する」と自身のＳＮＳに投稿した。

ガザ地区を実効支配するイスラム組織ハマスがイスラエルに奇襲攻撃を行ったのは二三年一〇月。これに対してイスラエル軍は報復として大規模な軍事侵略を開始した。

こうした中でイスラエルもパレスチナもパリ五輪に参加する。

パレスチナ・オリンピック委員会（ＰＯＣ）は一連の衝突でこれまで約一四〇人の選手やコーチが犠牲になったという。イスラエル側の数字は明らかではない。

パレスチナの五輪参加が初めて認められたのは一九九六年のアトランタ大会。以来、夏季大会には毎回選手を派遣し、二〇二一年の東京大会には五人が参加した。パリ五輪にはその倍の一〇人の派遣を見込んでいたが、ガザでの軍事衝突で計画が大幅に狂ったという。

本稿執筆時点（二〇二四年四月）で、パリ大会への参加が確定しているのはテコンドー男子選手一人だけだという。練習施設を失ったり、出場権のかかる大会に参加できなかったりした選手もいるとされる。

環境への配慮

パリ五輪では必要な施設のうち九〇%以上の施設は既存の施設の活用や仮設によって賄われる。コストの削減だけでなく環境保護も重視しているからだ。

廃棄物削減の面でも様々な試みがなされる。中でも使い捨てプラスチックボトルの使用禁止は画期的な試みだ。選手や大会関係者、観客は水筒を持参するか、会場に備えつけられる再利用可能なコップを使うことになるという。

頭の痛い課題もある。その一つはセーヌ川の水質改善だ。セーヌ川では開会式水上パレードのほかに、トライアスロンなどの競技も予定されている。

また、グルメの国フランスでフードロスは深刻な問題だ。ただ、その対策については日本よりも一歩先を進んでいるようにみえる。

二〇二一年の東京大会では大会の開催環境が流動的で発注量の見通しが十分立たなかったことから大量の食品が廃棄された。会計検査院が大会後にまとめた報告書によると、弁当三〇万食、選手村の食堂で一七五トンのロスが発生した。

パリ五輪組織委員会は食に対する取り組みをまとめた「フードビジョン」を公表。その中で「食品ロス量を抑え、未消費の食品は一〇〇%再利用する」との目標を掲げた。食品ロスの具体的な抑止策として、①需要予測、②ソースやスープには形や大きさが不ぞろいの商品を使用、③ケータリング会社には食品ロスゼロレシピを使ってもらうなどの連携、④少な目の分量で配るといった「ナッジ」(人々の行動をそっと後押しする手法)」の利用、などがある。

ホテル料金高騰

パリ五輪には期間中、フランス国内外から約一五〇〇万人が押しかけると予想されている。このため宿泊施設の確保が大変だ。

一方、ホテル業界にとってはオリンピックはドル箱だ。ホテルチェーンによっては大会期間中は現行の二、三倍に料金を引き上げる方針のところもある。ホテルによっては七倍の料金引き上げを計画しているという。そして大会期間中は、一泊のみの宿泊客は断られるそうで、最低三泊を求められそうだ。

フランスの公共テレビ「フランス2」によると、パリ近郊の平均ホテル料金は二三年七月の一六九ユーロから、大会までには六九九ユーロまで跳ね上がるとみられている。

そうした中で、仏政府はパリのホテル料金の傾向を監視対象としている。

再選につなげたいマクロン大統領

マクロン仏大統領はパリ五輪を盛り上げて、二〇二五年四月に行われる大統領選挙への追い風としたいところだ。ノートルダムの尖塔は二〇一九年に火事で焼け落ちたが、オリンピック開催をにらんでマクロン大統領は関係者を叱咤激励し、二三年末に復元にこぎつけた。

パリ大会は東京大会より一つ少ない三二競技で争われ、関連予算は約七二・五億ユーロ。東京大会が新型コロナウイルス感染症の世界的流行にもかかわらず強行された中で、一部ではオリンピックへの失望が広がったと見る向きもあるが、パリ大会はオリンピックの新たな再生のきっかけとなるのだろうか。

エピローグ

近代オリンピックは一二〇年余りの歴史の中で様々な紆余曲折を経て発展してきた。愛国主義につながりかねないナショナリズムと国民国家を弱体化させかねないグローバリズムの狭間で存在感を保ってきた。今ではサッカーのワールドカップ（W杯）と並んで国際スポーツの代表的システムとして確固とした基盤を築き上げている。

スポーツは古代ギリシャ、ローマの時代から娯楽や身体を鍛える手段（体育教育）、国際政治における国家権力の最悪の行使である戦争の代替物という側面を保ってきた。

そうした中で近代オリンピックの創始者であるクーベルタン男爵は「スポーツを通じて心身を向上させ、さらに文化、国籍など様々な差異を超え、友情、連帯感、フェアプレーの精神をもって理解し合うことで、平和でより良い世界の実現に貢献する」と高らかにうたいあげた。

ナショナリズムとスポーツのかかわりを見ると、例えば明治以降の日本では、富国強兵のスローガンの下、軍人育成のため初等教育段階から体育教育の実践を重視してきた。オリンピックなど国際スポーツ大会では国旗掲揚と国歌斉唱（独唱）、ナショナル・チームの編成や国別予選・地域別予選の実施、政治家やマスメディアが前面に出る誘致合戦などがナショナリズムを掻き立てている。一方、グローバリズムとスポーツの関連では、グローバルに事業を展開する多国籍企業が国際スポーツ大会の公式スポンサーとして資金面で重要な役割を果たしている。さらにスポーツにおける国際ルールの設定やテレビなどを通じた全世界への国際スポーツ大会の実況中継はグローバルな熱狂を醸成している。国際スポーツ・システムにおいて、ナショナリズムとグローバリズムは排斥し合うものではなく、相互依存の関係にあると言えよう。グローバリズムは閉じた国家システムを開放する作用がある。一方、ナショナリズムは開放された国家システムの崩壊を防ぐ国民の情熱の発現だからである。

国連との比較

近代オリンピック運動はある意味では国連の活動と似ている側面がある。両者とも世界の諸問題を根本的に解決する能力やパワーは備えていないが、より平和な世界への実現を目指すという理想を掲げており、もし存在しない場合、世界はより住みにくいものになっていたであろう。国連を目抜き通りの立派な商店のショーウインドウにたとえた人もある。その存在自体は世の中の動きに必ずしも決定的なインパクトを与えるものではないが、もしそれが汚れていたり、壊れていたりすればその通りは危険に満ちており、荒れていることを表わすものであり、国連もそうしたものだという主張だ。オリンピック運動にもそうした側面があると言えよう。

国連の加盟国は百九十数カ国だが、ＩＯＣ加盟国は二〇〇を超えている。オリンピック憲章は、「人間の尊厳の保持に重きを置く平和な社会を奨励することを目指し、スポーツを人類の調和のとれた発展に役立てる」という崇高な理想を掲げている。国連憲章も第一章第一条で国際平和と安全の維持をその主要目的としてうたっている。ＩＯＣと国連の間では性格の類似点があり、国連は二〇〇九年にＩＯＣにオブザーバー資格を与えた。

様々な課題

近代オリンピック運動は大規模化、肥大化が進んでいる。そのため、開催都市に立候補する都市が少なく、大会実施の予算の負担だけでなく、環境への負荷も懸念の材料だ。前述したように、夏季大会では二〇二四年のパリ、二〇二八年のロサンゼルスはほぼ無競争で決まった。今後、開催地として有力国はインドや南アフリカ、東南アジア諸国連合（Ａ

SEAN）の加盟国などが考えられる。日本でも名古屋が再度、手を挙げる可能性もある。一方、オリンピック開催経費の削減に向けた様々な取り組みも進められよう。その流れでコマーシャリズムがますます幅を利かせることになりそうだ。

オリンピックは国際情勢に翻弄されてきたが、逆に国際情勢に影響を及ぼしているという側面もある。大会期間中、えりすぐりのアスリートの活躍は人々を熱狂させて止まない。様々な課題が山積しているにしても、オリンピックには抗えない魔力があることは否定できない。

古代オリンピックと近代オリンピックを国際情勢との関連を中心にたどり、これまで知らなかったオリンピック運動のいろいろな側面や背景に気づくことができた。読者がオリンピックを新たな視点から見直すことに向けて少しでもお手伝いできたのであれば望外の喜びである。

本書を執筆するにあたって、平凡社編集部編集一課の安藤優花さんに大変お世話になりました。お礼を申し上げたい。

二〇二四年四月

村上直久

資料1　歴代の国際オリンピック委員会(IOC)会長

	氏名	出身国	在任期間
初代	デメトリウス・ビケラス	ギリシャ	1894-1896
2代	ピエール・ド・クーベルタン	フランス	1896-1925
3代	アンリ・バイエ・ラツール	ベルギー	1925-1942
4代	ジークフリード・エドストレーム	スウェーデン	1946-1952
5代	アベリー・ブランデージ	アメリカ	1952-1972
6代	キラニン卿（マイケル・モリス）	アイルランド	1972-1980
7代	ファン・アントニオ・サマランチ	スペイン	1980-2001
8代	ジャック・ロゲ	ベルギー	2001-2013
9代	トーマス・バッハ	ドイツ	2013-

主に日本オリンピック委員会（JOC）の公表データを参照して作成した

資料2　オリンピック夏季競技大会一覧

	開催年	開催地（国）	競技数	参加国	選手数	日本の金メダル数
1	1896	アテネ（ギリシャ）	9	14	241	
2	1900	パリ（フランス）	16	19	997	
3	1904	セントルイス（アメリカ）	16	13	651	
4	1908	ロンドン（イギリス）	23	22	2008	
5	1912	ストックホルム（スウェーデン）	15	28	2407	0
6	1916	ベルリン（ドイツ）	第一次世界大戦のため中止			
7	1920	アントワープ（ベルギー）	23	29	2622	0
8	1924	パリ（フランス）	19	44	3088	0
9	1928	アムステルダム（オランダ）	17	46	2883	2
10	1932	ロサンゼルス（アメリカ）	17	37	1334	7
11	1936	ベルリン（ドイツ）	21	49	3963	6
12	1940	東京（日本）	日中戦争のため返上 ※1			
13	1944	ロンドン（イギリス）	第二次世界大戦のため中止			
14	1948	ロンドン（イギリス）	20	59	4101	
15	1952	ヘルシンキ（フィンランド）	18	69	4955	1
16	1956	メルボルン（オーストラリア）※2	17	67	3155	4
17	1960	ローマ（イタリア）	18	83	5338	4
18	1964	東京（日本）	20	93	5152	16
19	1968	メキシコシティー（メキシコ）	18	112	5518	11
20	1972	ミュンヘン（西ドイツ）	21	123	7234	13
21	1976	モントリオール（カナダ）	21	92	6084	9
22	1980	モスクワ（ソ連）	21	80	5179	不参加
23	1984	ロサンゼルス（アメリカ）	21	140	6829	10
24	1988	ソウル（韓国）	23	159	8397	4
25	1992	バルセロナ（スペイン）	25	169	9364	3
26	1996	アトランタ（アメリカ）	26	197	10318	3
27	2000	シドニー（オーストラリア）	28	197	10651	5
28	2004	アテネ（ギリシャ）	28	202	10625	16
29	2008	北京（中国）	28	204	10942	9
30	2012	ロンドン（イギリス）	26	204	10568	7
31	2016	リオデジャネイロ（ブラジル）	28	205	11238	12
32	2021	東京（日本）※3	33	205	11000	27

※1　代替としてヘルシンキ（フィンランド）で開催予定だったが、第二次世界大戦勃発のため中止

※2　馬術競技のみストックホルムで開催

※3　2020年開催予定だったが、新型コロナウイルス流行にともない1年延期された。ただ、IOCは公式には“2020”大会としている

主に日本オリンピック委員会（JOC）の公表データを参照して作成した

資料3　オリンピック冬季競技大会一覧

	開催年	開催地（国）	競技数	参加国	選手数	日本の金メダル数
1	1924	シャモニー・モンブラン（フランス）	4	16	258	
2	1928	サンモリッツ（スイス）	5	25	464	0
3	1932	レークプラシッド（アメリカ）	4	17	252	0
4	1936	ガルミッシュパルテンキルヘン（ドイツ）	4	28	646	0
	1940	札幌（日本）	第二次世界大戦のため中止			
	1944	コルチナダンペッツオ（イタリア）	第二次世界大戦のため中止			
5	1948	サンモリッツ（スイス）	5	28	669	0
6	1952	オスロ（ノルウェー）	4	30	694	0
7	1956	コルチナダンペッツオ（イタリア）	4	32	821	0
8	1960	スコーバレー（アメリカ）	4	30	665	0
9	1964	インスブルック（オーストリア）	7	36	1091	0
10	1968	グルノーブル（フランス）	6	37	1157	0
11	1972	札幌（日本）	6	35	1006	1
12	1976	インスブルック（オーストリア）	6	37	1123	0
13	1980	レークプラシッド（アメリカ）	6	37	1072	0
14	1984	サラエボ（ユーゴスラビア）	6	49	1272	0
15	1988	カルガリー（カナダ）	6	57	1423	0
16	1992	アルベールビル（フランス）	6	64	1801	1
17	1994	リレハンメル（ノルウェー）	6	67	1737	1
18	1998	長野（日本）	7	72	2176	5
19	2002	ソルトレークシティー（アメリカ）	7	77	2399	0
20	2006	トリノ（イタリア）	7	80	2508	1
21	2010	バンクーバー（カナダ）	7	82	2565	0
22	2014	ソチ（ロシア）	7	88	2780	1
23	2018	平昌（韓国）	7	92	2833	4
24	2022	北京（中国）	7	91	2872	3

※冬季大会は1992年まで夏季大会と同年開催だったが、その後は連続する二つの夏季大会の中間年での開催となった

※1940年と1944年は第二次世界大戦のために中止となったが、冬季大会は実際に開催された大会のみ回次としてカウントする

参考文献・資料一覧

全体を通して

藤原健固『国際政治とオリンピック』道和書院、一九八四年

村上直久『国際情勢テキストブック』日本経済評論社、二〇〇八年

第一章

橋場弦・村田奈々子編『学問としてのオリンピック』山川出版社、二〇一六年（第二章の執筆でも参照）

第二章

ジョン・J・マカルーン著、柴田元幸・菅原克也訳『オリンピックと近代――評伝クーベルタン』平凡社、一九八八年

第三章

公益財団法人日本オリンピック委員会（JOC）「TEAM JAPAN」ホームページ https://www.joc.or.jp

第四章

沢木耕太郎『オリンピア――ナチスの森で』集英社、二〇〇七年

ダフ・ハート・デイヴィス著、岸本完司訳『ヒトラーへの聖火――ベルリン・オリンピック』東京書籍、一九八八年

第五章
橋本一夫『幻の東京オリンピック――1940年大会 招致から返上まで』講談社学術文庫、二〇一四年
池井優『オリンピックの政治学』丸善ライブラリー、一九九二年（第七章の執筆でも参照）
第六章
波多野勝『東京オリンピックへの遥かな道――招致活動の軌跡1930―1964』草思社文庫、二〇一四年
小川勝『東京オリンピック――「問題」の核心は何か』集英社新書、二〇一六年
野地秩嘉『TOKYOオリンピック物語』小学館文庫、二〇一三年
外川継男『ロシアとソ連邦』講談社学術文庫、一九九一年
第七章
高橋容子「その時時代が変わった――敗戦からベルリンの壁崩壊まで」News Digest No.702, 二〇〇九年一一月九日
第八章
石坂友司『現代オリンピックの発展と危機1940―2020――二度目の東京が目指すもの』人文書院、二〇一八年
浅野一弘「モスクワ・オリンピックのボイコット――日米首脳会談のための「お土産」」、『海外事情』二〇一四年一一月号、拓殖大学海外事情研究所
第九章
結城和香子「スポーツの本質とは――世界とつながる触媒に」、『メディア展望』二〇一八年一〇月、新聞

通信調査会

第十章

富坂聰「北京五輪は習近平のトラウマとなったのか」、『海外事情』二〇一四年一一月号、拓殖大学海外事情研究所
名越健郎「モスクワ五輪とソチ五輪――国際政治の呪縛」、『海外事情』二〇一四年一一月号、拓殖大学海外事情研究所

第一一章

小倉和夫「2020年東京五輪招致――東京はなぜ勝ったのか」nippon.com コラム、二〇一三年九月
朝日新聞「教えて！　東京五輪23　なぜ政治に振り回されるの？」二〇一三年一二月二七日
同「五輪経費「国支出8000億円」二〇一八年一〇月五日
同「五輪三兆円規模？」二〇一八年一〇月五日
同「（五輪は誰のため：1）閣僚「五輪中止を」、拒む首相「やめるわけにはいかぬ」いら立ちも」二〇二一年六月二五日
同「東京五輪組織委元次長ら4人を逮捕へ　談合の疑い、400億円規模」二〇二三年二月八日
同「五輪本大会業務、電通が談合否定「不当取引制限当たらぬ」」二〇二三年一二月六日
日本経済新聞「東京五輪の経済効果、全国で32兆円　都が30年まで試算」二〇一七年三月七日

第一二章

朝日新聞「テロに備えるパリ　五輪まで一〇〇日　計画変更も」二〇二四年四月一七日
同「パリ五輪平和の重要性伝える機会」二〇二四年四月一七日

同　「美食の国の五輪　脱・食品ロスの誓い」二〇二四年四月一九日
朝日新聞デジタル版「ロシアとベラルーシ、五輪どうなる　IOC、「中立選手として出場可能」」二〇二四年四月四日
毎日新聞デジタル版「七月パリ五輪に二つの戦争の影、苦悩する選手ら　平和の祭典はどこに」　二〇二四年二月二七日
読売新聞「ロシア勢のパリ五輪参加、世界陸連コー会長「陸上は認めない」…IOCは厳格な条件付きで容認」二〇二三年一二月九日
日本経済新聞「IOC、ロシア勢のパリ五輪参加容認　「中立」条件」二〇二三年一二月九日

エピローグ

眞鍋貞樹「ナショナリズムとグローバリズムを活用する国際スポーツ・システム」、『海外事情』二〇一四年一一月号、拓殖大学海外事情研究所
稲垣康介「矛盾までのみこんでいく五輪の魔力　問われる開催国メディアの視座」月刊『Journalism』二〇一六年七月号、朝日新聞社ジャーナリスト学校

そのほか、『朝日新聞』、The Japan Times, The New York Times, The Financial Times,　時事通信社『JIJI―WEB』の関連記事を参照し、一部を引用した。

なお、37ページの訳は以下より引用した。「オリンピック賛歌（ギリシャ語歌詞からの翻訳、現代語訳に手直し）」（言語のある生活）http://polyglotreader.blog109.fc2.com/?date=202003&page=0

画像出典

第五章扉：「報告書　第十二回オリンピック東京大会組織委員会」より和田三造のポスター

第六章扉：Project Kei, https://commons.wikimedia.org/wiki/File:Watch_the_Tokyo_Olympics_on_the_street_TV.jpg

第八章扉：Sergey Guneev / Сергей Гунеев ,https://commons.wikimedia.org/wiki/File:RIAN_archive_487025_Opening_ceremony_of_the_1980_Olympic_Games.jpg

第九章扉：Unknown photographer, Reproduction by Lear 21,https://commons.wikimedia.org/wiki/File:West_and_East_Germans_at_the_Brandenburg_Gate_in_1989.jpg

第一〇章扉：Rafael Rabello de Barros, https://commons.wikimedia.org/wiki/File:Cidade_Maravilhosa.jpg

第一一章扉：Miyuki Meinaka,https://commons.wikimedia.org/wiki/File:Blue_Impulse_at_Arrival_Ceremony_of_Olympic_Flame,_Tokyo_2020.jpg

第一二章扉：Anne Jea., https://commons.wikimedia.org/wiki/File:Olympic_rings_in_the_Place_du_Trocad%C3%A9ro_in_Paris.jpg

【著者】
村上直久（むらかみ　なおひさ）
1949年生まれ。東京外国語大学フランス語学科卒業。75年時事通信社入社。編集局英文部、外国経済部で記者、デスク。米UPI通信本社（ニューヨーク）出向、ブリュッセル特派員を経て、2001年に退社後、長岡技術科学大学で14年間、常勤として教鞭を執る。専門は国際関係論。定年退職後、時事総合研究所客員研究員。学術博士。日本記者クラブ会員。著書に『国際情勢テキストブック』（日本経済評論社）、『WTO』『世界は食の安全を守れるか』『EUはどうなるか』『NATO 冷戦からウクライナ戦争まで』（以上、平凡社新書）など。

平凡社新書1061

国際情勢でたどるオリンピック史
冷戦、テロ、ナショナリズム

発行日——2024年6月14日　初版第1刷

著者———村上直久
発行者——下中順平
発行所——株式会社平凡社
〒101-0051 東京都千代田区神田神保町3-29
電話　(03) 3230-6573［営業］
ホームページ https://www.heibonsha.co.jp/

印刷・製本—株式会社東京印書館
装幀———菊地信義

ISBN978-4-582-86061-0